「钱塘江故事」丛书

沈晔冰／著

浙江工商大学出版社｜杭州

奔流岁月

钱塘江，流淌不息的是故事

浙江省钱塘江文化研究会会长　胡　坚

钱塘江，是浙江的"母亲河"，流经浙江近 50% 的省域面积，世世代代滋养着浙江人民繁衍生息。

钱塘江是一条自然之江。它是浙江境内最大的河流。以北源新安江起算，全长 588.73 千米；以南源衢江上游马金溪起算，全长 522.22 千米。两岸青山叠翠，云卷云舒，村镇星罗，田野棋布。钱塘江因天下独绝的奇山异水而久负盛名，享誉古今。它哺育的美丽浙江，有看不完的风景、说不完的故事、讲不完的传奇。

钱塘江是一条梦想之江。钱江源头，一滴滴水珠汇聚成涓涓细流，形成山涧的清泉，从蜿蜒的山脉中豁然涌出，汇成溪流，聚成小河，凝成大江，涌成惊涛拍岸的钱江大潮。每一滴水都能在这个过程中，发现自己原来这么有力量。钱塘江以不息的潮汐告诉人们——只要有梦想，有方向，有凝聚力，渺小也能够构成伟大，数量就会变成力量。

钱塘江是一条精神之江。钱塘江赋予浙江人物质财富和精神财富，浙江人赋予钱塘江自然状态和人文形态。"天时""地利"造就了钱塘江涌潮，"怒涛卷霜雪""壮观天下无"。千百年来，钱塘江

"弄潮"是一种奇特的人文现象。"弄潮"之风在唐朝时兴起，宋朝时更甚。迎着滚滚而来、地覆天翻的江水，在声如雷鸣、涛如喷雪的潮水里，"弄潮儿向涛头立，手把红旗旗不湿"，气贯长虹的雄姿，给后人留下了不畏艰险、敢于拼搏、逆浪而进、力压潮头的人文精神。

钱塘江是一条艺术之江。自晋唐以来，钱塘江吸引了众多文人墨客前来游历论学。他们或探幽访胜，或宦游访友，或寄情山水，留下了无数诗篇华章，如白居易《忆江南》、柳永的《望海潮·东南形胜》等名篇，令画卷上的钱塘江弥漫着浓厚的书香与笔墨气息。在这里，诞生了无数绝世篇章。同时，成就了一代宗师黄公望的山水画巅峰之作《富春山居图》，造就了"中国山水画泰斗"黄宾虹等一批画家，诗情和画意绵延古今。另外，钱塘江还成就了吴越文化和在中国人文思想史上产生过重大影响的新安文化。孔氏家族"扈跸南渡"更是推动了儒学在江南的传播，开创了儒学新风尚。

钱塘江更是一条创造时代的奇迹之江。改革开放以来，浙江人民在建设中国特色社会主义的大潮中，干在实处，走在前列，勇立潮头，在钱塘江两岸创造了一个又一个人间奇迹，也创造了新时代的灿烂文化。特别是当我们走进新时代，吹响"实施拥江发展战略，努力打造和谐宜居、富有活力、特色鲜明的现代化城市"的号角，更让钱塘江彰显出勇立潮头、大气开放、互通共荣的时代精神。

钱塘江文化研究会聚集的这群人，有着一种强烈的文化情怀，要为挖掘、整理、塑造、传播钱塘江的文化尽微薄之力，做出自己的贡献。

编撰"钱塘江故事"丛书是这群人的一种探索和努力。我们相信，该丛书的出版，有助于增加人们对钱塘江的了解，有助于丰富人们的文化生活，有助于增强钱塘江文化的外在影响力和文化软实力。

我们将以自己勤劳的双脚去丈量钱塘江两岸的崎岖路径，以敏锐的眼光去发现钱塘江流域散落的故事，以与众不同的思考去感悟钱塘江的文化特质，以鲜活的文字去表达钱塘江的无穷魅力。我们会专注于那些有情感的故事、有品味的故事、有启迪的故事、有历史的故事和有回味的故事，让读者在阅读中体会钱塘江的好、钱塘江的美、钱塘江的厚重与钱塘江的温度。

"钱塘江故事"丛书将高度关注钱塘江流域村落的过去与未来，关注非物质文化遗产的传承与活化，关注历史艺术与当代艺术的生命与发展，关注民间风俗和风土人情的变迁与时尚，关注旅游和文化的融合与共生，关注每一个值得关注的历史细节与文化符号。丛书在讲究思想性、学术性、艺术性的同时，突出实用性、服务性、可读性，希望能成为爱好者的口袋书、旅游者的携带书、管理者的参考书。

我们带着朝圣般的虔诚，带着颤抖的灵魂，带着历史的使命做这样一件有意义的事。

虽然道路遥远，但我们已经起步。

是为序。

目　录

第一篇

骏骨饮长泾

拳拳陆军心，悠悠强国情

——专访嘉兴学院院长陆军

人物名片： 陆军，江苏苏州人。本科毕业于南京工学院（现东南大学），研究生毕业于中国科学技术大学。中国工程院院士，中国电子科技集团公司首席科学家，机载综合电子信息系统专家，嘉兴学院院长。他为中国机载综合电子信息系统的建立和发展做出重大贡献，荣获国家科学技术进步奖特等奖。

在一个周日的上午，我和陆军相约在嘉兴学院。我还在想一位从北京来嘉兴当校长的院士会不会很"京味儿"，清亮的声音就传来了："小沈来了呀。"只见一个中等身材的中年人，双眼闪烁着纯朴且智慧的光芒，带着笑容朗声说："请坐，小沈。不好意思，为了给你腾出一段较完整的采访时间，我们相约交流的时间一改再改。"和一双有力而又温暖的手握了握，看着温和而又谦恭的陆校长，我的忐忑瞬间消失，笑容瞬间跃上了我的脸。

"嘉兴这里的人真好，家和万事兴，整个江南都是，对每个人都很温柔。"

"陆校长，您是不是安徽人？"

"不是，我虽然在安徽待了很多年，但是我是地地道道的苏州人！"

"啊，那可是'人间天堂'呀，原来您是我们江南孕育出来的才子。"

"哈哈，小沈，客气了。"

一下子，"江南"这个词把陆军和我的距离拉近了不少。我们在龙井茶的飘香中聊了起来。

"小沈，你告诉我采访的主题是'过去、现在、未来'这3个词，受到你的启发，我好好回想了一下，到2019年中华人民共和国成立70周年，我的人生正好有3个17年。"

我讶异道："这么巧？"

"这是真的。在老家苏州生活的17年，是我人生最美少年时；然后离开老家去上大学，大学毕业后在安徽读了3年研究生，工作了14年，正好也是17年，这是人生最好创业时；2002年初到北京工作，到2019年工作了17年，这是人生最强奋斗时。这样有3个17年，但2019年我不是51岁，而是55岁，其中4年我在南京读大学。"

"怎么这么巧。"我脱口道。

"这不回首不知道，一回首就发现原来有这么巧的数字。"

"说明您和17有缘啊！1＋7是8，我们浙江的立意在'八八战略'。"

"还有，倒过来正好是'七一'。"

"您想的立意更好、更高，正巧是党的生日。您的这3个17年的寓意可真好！"我们一席人都笑了起来。我们之间的谈话，似乎天马行空，显露出陆军的跳跃式思维，但又没有离开采访的主题。

渠分南巷水，窗借北家风

"我是'三年困难时期'出生的孩子，那时候物资极度紧缺，什么东西都要凭票购买，物质条件远比现在差，基本上是吃不饱肚子啊。"

"在吃不饱的情况下，您的父母也是非常重视您的学习。"

"是的，其实从我们的祖辈开始就有这样的观念，孩子可以不干什么大事，但是小时候不能不读书。哪家孩子读不好书，家长还是很难为情的。只要有点条件，家长都会让孩子去读书。

"你看我们20世纪60年代出生的人，就是生在新中国，长在红旗下，那时候虽然物质条件很匮乏，但是与中华人民共和国成立之前相较，已

陆军与作者的合影

发生了天翻地覆的变化。小时候我与同龄人不太一样，现在回想起来可能是受我的父母、老师的影响，我的父亲 1950 年从苏南苏州中学高中毕业，当时正值抗美援朝战争，他就投笔从戎上战场了。像我父亲这样的年轻人为什么会毅然决然地上战场呢？我想他们对祖国是有感情的，父亲后来为什么把我的名字取为'军'，我想是因为父亲意识到没有强大的国防，就没有国家的和平安宁，以及人民的幸福安康。

"家里的氛围特别重要，记得 4 岁的时候，在母亲的辅导下，我能背'老三篇'。《纪念白求恩》中写道：'白求恩同志是加拿大共产党员，50 多岁了，为了帮助中国的抗日战争……不远万里，来到中国……这是什么精神？这是国际主义的精神，这是共产主义的精神，每一个中国共产党员都要学习这种精神。'这相当于我们现在的思想政治教育，非常入心入脑。这也是我一直要求到幼儿园去看看孩子的原因。嘉兴南湖，红船精神要从娃娃学起，孩子们可能懵懵懂懂，但就要让他们从小把理想精神种子种在心里。《为人民服务》这篇文章中写道：'我们都是来自五湖四海，为了一个共同的革命目标，走到一起来了……但是我们想到人民的利益，想到大多数人民的痛苦，我们为人民而死，就是死得其所。'"

听到陆军流利地背诵《为人民服务》，我不禁讶然地问："这些都是您的母亲教的吗？"

"是呀，那时没有幼儿园，记得小时候我跟着母亲，母亲是小学校长，我就跟着小学生们学习《毛选》，我不懂这些句子的含义，但是能够在母亲的辅导下背得滚瓜烂熟。"

"哇，您太厉害了！记忆力这么好！"

"其实孩子的记忆力都是挺好的。志不强者智不达，立志宜早，在小的时候种下理想精神的种子，长大后，理想精神的种子就发了芽，会影响人的一辈子。现在我的床头边还有《毛选》。晚上睡觉前我都要读一些，毛主席的文章闪耀着辩证思维、理想精神的光辉，是人类的财富。

"我们小时候都唱《中国少年先锋队队歌》，我们党就是为共产主义奋斗的，所以我们培养的是一代一代的社会主义、共产主义接班人。"

听着听着，我激动得不禁抬首说道："我明白了，您努力奋斗不是为了个人，而是因发自内心的对国家、人民的热爱而不懈奋斗。这颗爱国的种子在您 4 岁的时候就种下了。"陆军欣慰地点点头。

"家庭和学校的氛围对人的发展特别重要，但关键还是在人，所以在孩童阶段就把人内在性的东西培育起来，激发出来。爱的种子、真善美的种子、理想精神的种子，确实要从孩童时期开始播种。"

"您在苏州生活和学习的 17 年中还有令您印象深刻的事情吗？"

"我深深地记得，有一位语文老师当时住在学校，条件艰苦，一家四五口人挤在一间不足 30 平方米的屋子里。屋子里放了 2 张床，地上还有个地铺。他自己在一张小桌子前挑灯夜读或备课。他上课的时候给我们讲《满江红》，讲到岳飞的豪情万丈，至今令我印象深刻。我们在学校里升国旗，唱国歌，家国文化从小根植在心。受到家庭和学校老师的影响，我一直觉得为国家奋斗是第一位的，后来我为什么愿意去国防战线，为什么不选择出国，其实内心是有保家卫国的情怀的。"

"您在苏州读书的时候，遇到过什么困难？"

"记得当年，我在 7 月高考前夕，6 月底时，为了进一步提高数学成绩，买了 3 本练习题集，共 1000 多道题，我全做了一遍。当时家里没有书房，只有客厅，客厅里有一台小电视机。爸爸和妈妈看电视，我呢，专注地做练习题，两耳不闻电视声。所以我的老师评价我：'陆军

不是绝顶聪明的人，却是一个刻苦的人。'

"只要精神不滑坡，办法总比困难多。所以理想精神、内在动力的形成，特别重要啊。"

我将记录的笔停下来，抬头看着陆军，认同地点了点头。确实，我们在成长过程中总伴随着艰难困苦与烦恼，而挫折好比磨刀石，刀只有经过磨砺，才能闪耀出夺目的光芒。不经历风雨，怎能见彩虹？没有人能够随随便便成功。只有不断经受挫折，越挫越勇，我们的双腿才会更加有力。

向北望星提剑立，一生长为国家忧

"中国人非常注重'天时地利人和'。从天时来说，跟社会、国家越紧密地结合越能体现自己的人生价值。我现在在工作之余热爱锻炼，在攻坚'空警-2000'的时候会每天组织大家晨跑，到现在我也经常会给同事们的'微信运动'点赞，呼吁他们每天多走路，我经常在周末的时候组织大家去爬山。'711'的工作状态让很多同事觉得疲劳，必须让同事们抽出时间锻炼身体。"

"'711'指的是什么？"

"就是一年 365 天，保持每周 7 天，每天 11 小时的工作状态。"

"这么辛苦！"

"我们为了完成任务，要和时间赛跑，追赶时间！为了在追赶时间的人生马拉松赛中赢得胜利，我希望同事们身体健康。"

"您为什么特别重视锻炼？"

"确实有原因的。稍微说得远一点，其实从小学一直到高中毕业，我体质都很弱，20世纪60年代出生的人，营养不是很好。当时我的成绩还可以，老师非常重视我，提名我为'三好学生'，'三好学生'要求德智体美劳全面发展，德育、智育对我来说肯定没问题，但是因为我身体弱，个子也不高，体育成绩基本上达不到'良好'，双杠撑不起来，单杠也是拉不起的，所以每每要评选'三好学生'的时候，班主任会为了我去找体育老师，让我的体育成绩能够达到'良好'。到了1978年，国家恢复了高考，全国掀起了一阵学习和尊重科学的浪潮。我在1981年考上了南京工学院（现东南大学）。"

"当时的高考可谓是千军万马过独木桥啊！"

"是的，当时大学录取率确实很低。我顺利地进入大学后，刚刚上了1个月的课，就生病了，怎么也查不出病因，高烧1个多月后就休学了，但是回到家后病就好了。其实就是水土不服，身体素质太差了。所以当时我就开始锻炼，而且'南工'有1个制度，大学4年，早上6点30分，体育老师一吹哨子就必须下楼锻炼，挺严格的。我慢慢地养成了锻炼的习惯，后来体质慢慢变好，读书也好了起来。

"我研究生考到中国科技大学后，同学们知道我有早锻炼的习惯，就让我当他们的闹钟，假如有同学7点30分要上课，我就负责7点钟的时候把他们叫起来。"

我哈哈地笑了起来，说："这闹钟可是人工智能啊。"陆军也哈哈笑了起来。"所以必须保持体能。实际上，人这100多斤的体重是最值钱的，反正我个人有深深的体会，不花时间锻炼身体，你可能就要花时间去看病了。"

"是的，尤其是像您这样从事脑力劳动的人，更要通过体育锻炼来增强体质。我以前以为补一觉就能解决疲累问题，其实有时睡得长也很累。"

"小沈，你的感觉是对的，我们研究过的，在大脑的神经网络中，管运动的部分和管思维的部分是两回事，我们发现脑力劳动者的大脑中管思维的部分使用率较高，控制身体行动的这一部分经常处于休息状态，所以我们得通过运动让它们达到平衡，让它们交替劳动。我们的身体就像是一台机器，我们要把它爱护好。"

"陆校长，身体弱会影响您的成绩吗？"

"那是自然，大学第一学期，我因为身体太弱，生病加回家休息近3个月没有上课，期末考试亮了红灯，挂了科，但是后来我加强体育锻炼，增强体质，成绩也慢慢地好了起来，到大学毕业的时候，我的综合成绩排在了班级前列。由于成绩排在前列，我报考研究生时，机缘巧合地遇到中国科技大学的老师来南京工学院定向招研究生，'南工'老师把我推荐给了'中科大'，优惠条件是我参加'南工'的研究生考试，成绩超过'南工'的录取线。后来我考过了，就去'中科大'上学，这就有了我后面第二个 17 年遇到的人和事。"

我认同地点了点头，说："我也很相信缘分。就如我们现在，就是因为积攒了很多年的缘分，我才有这次采访您的机会。

"一晃第一个 17 年过去了，您人生的第二个 17 年是从安徽开始的，对吗？"

"是啊，中间还有在'南工'的 4 年，那时国家发展得非常快，1981 年到 1985 年，最振奋人心的就是女排'五连冠'，女排精神影响了一代又一代人。女排精神对于我们来说就是好好读书，当时的我觉得为国家读好书，就如周恩来总理说的'为中华之崛起而读书'。"

"您当时就有这样的豪情壮志了，太佩服您了。"

　　回顾自己多年来的求学成长经历，陆军认为：人要立长志，不能常立志。一定要认准方向，并且要坚定不移地走下去。

　　"在'中科大'读研究生时，因为改革开放，80% 左右的学生选择出去看看，去国外工作。我觉得我们国家需要建设，我们为什么不留下来建设国家呢？"

　　"陆校长，太佩服您了！当时我们国家肯定是需要一大批大学生来建设的。"

　　"所以我毫不犹豫地选择留在国内。其实，我认为我们 20 世纪 60 年代的人特别幸福，我们是跟着国家的发展而成长起来的。一方面，我们见证了祖国从站起来到富起来的过程；另一方面，我们身在国家迅猛发展的进程，并为之奋斗，为之奉献，这是令人骄傲和自豪的。"

　　看到陆军笃定而淡然的眼神，不急不忙而又从不懈怠地从事着自己的事业，此时我顿然醒悟，无论是"待从头，收拾旧山河，朝天阙"的岳飞，还是"落红不是无情物，化作春泥更护花"的龚自珍，抑或是"路漫漫其修远兮，吾将上下而求索"的屈原，能够让生命在岁月中流传千年的爱国大家们心中都有亘古不变的选择——爱国情怀。

得遇良师，三生有幸

　　1985 年，成绩优异的陆军顺利地拿到了心仪已久的中国科技大学研究生录取通知书。"'南工'踏实肯干的文化熏陶并培养了我，而'中科大'有非常好的创新文化。老师充分尊重学生，使学生养成一种自觉学习、主动思考的习惯，老师不仅传播知识，而且教导学生在学习的过程中要有新思想，所以我们在'中科大'听得最多的是 'What's your new idea?'。学校注重培养学生发现问题、思考问题、解决问题的能力。'中科大'学子有一种内在的学习动力，学子的创新能力也很强。"

"真好，一生遇到一所好学校，一个好老师，一位好领导真的是无比幸运的事情。"我感叹道。

"小沈，你说得对，我遇到了我人生道路上一位举足轻重的导师，就是后来引领我走向雷达、预警机研究之路的时任中国电子科技集团公司第三十八研究所所长王小谟院士。"

"陆校长，您太幸运了！"

"是的，我真的很幸运，当时王小谟院士求贤若渴，花了 40 万元到中国科技大学招录 7 名定向生，毕业后需要去该所工作，我幸运地被选上了。"

"40 万元啊，那时候的 40 万元可不是一笔小钱！当时的万元户都很少。王院士真是一个爱才的人！"

"王院士非常爱才，也正因为有这样的机遇，我幸运地结识了这位指引我人生方向的导师——王小谟院士。"

1988 年，24 岁的陆军从中国科技大学毕业后，按照定向培养的约定踏上前往贵州中国电子科技集团公司第三十八研究所的道路。

"当时研究所还没有搬到安徽合肥吧？"

"是的，当时研究所地处贵州都匀大坪镇，交通闭塞，环境恶劣。我从上海出发坐了几天几夜的火车，再坐汽车，接着步行才看到研究所的厂区。当时我真的很难想象王小谟院士是怎么带着一两千人在这样的山沟里研究雷达的，我能深刻地体会到工作环境和条件的艰苦。"此时的陆军，声音低沉了很多，"特别是在冬天，透骨的湿冷让人挺难熬的。"

"您有没有想过退缩，或者您有没有后悔？"

"那倒没有，我当时的想法很简单，跟着王小谟院士好好工作，干一行爱一行嘛！王小谟院士是一位具有战略性眼光又善于把战略布局落到工作实处，并组织力量实现战略目标的领导和学者。研究所当时虽地处贵州，但是通过引进人才和合作等方式，集全国优质资源做了一些极具战略意义的科研课题。'七五'期间，我们研究所共承担了 10 多项国际前沿课题，我们这一批新人报到后，王院长让我们一一加入课题组进行锻炼。"

"王小谟院士对您这位新兵有什么评价？"

只见陆军不好意思地笑了笑，说道："王小谟院士评价我'胆子最大，敢闯敢拼'，当时我参与了 2 项课题，并且担任了其中 1 项课题的负责人。王小谟院士给予了我极大的信任和帮助，让我能够放下一切包袱，潜心投入自己所负责的项目中。

"当时大概是'初生牛犊不怕虎'吧，10 多项课题中，我负责 1 项，参加 1 项，课题完成的速度是最快的。"

"您太厉害了，王小谟院士也很厉害，他的眼光很精准。"我忍不住向陆军竖起了大拇指。

因为课题完成得好，1991 年初，王小谟院士正式委派陆军担任某重点雷达型号的总设计师。这也是年仅 27 岁的陆军第一次担任总设计师，距离硕士毕业才 2 年多，而且当时他还是助理工程师，未获得工程师的职称。

"当时您才 27 岁？"

"对啊，你看，你都很惊讶，当时的质疑声不断也是正常的，因为在一些前辈眼里，我还是一个小孩呢，经验和资历都太浅了。然而，王小谟院士对我的能力很有信心，他要培养年轻人，坚持力排众议，让我做总设计师。"

"陆校长，您太幸运了，有一个信任您的领导。信任和欣赏一个人真的是无价的。"

"是的，至今我都认为，王小谟院士对我的信任，加上研究所良好的工作氛围，尤其是项目团队的同志们的大力支持是我前进的最大动力。

"在各方面的关心支持和项目团队的艰苦努力下，我们在 5 年内啃下了新型目标指示雷达这块硬骨头。如今在很多战区的信息化演练场里，还经常能看到这部雷达，同时这部雷达还出口国外，备受买方青睐。

"我经常说起伟大的儒学创始人孔老夫子，在《史记·孔子世家》中记载，孔子因触犯了陈国和蔡国士大夫的利益被困数日，旁观者视之惶惶如丧家之犬，但孔子仍坚持每天给弟子们上课。孔子知道弟子们有恼怒，就招来子路、子贡、颜回问道：'我的学说有不对的地方吗？我们为什么会到这个地步？'3 位学生有不同的回答，颜回的回答最令孔子满意：'夫子之道至大矣，故天下莫能容……不容何病！不容，然后见君子！'意思是伟大的学说不被世人和当权者接受，才显露出君子本色。我始终相信真理掌握在少数人手里，正确的东西一定是在极少数人这里。"

我看着陆军坚定的眼神，他为人低调，不张扬，也不妥协。陆军有自己的观念，可以排除周围环境的干扰，沉下心来从事自己的事业。他对周遭一直抱有善意，对世事有自己的观点。

一晃 2 个小时过去了。学院的老师来提醒陆军要赶航班出行。陆军从行李箱里拿出了一本柏拉图的《理想国》，对我说："小沈，你可以读一读，当然读原著最好。人确实要用哲学的思维看待任何事物。送你一句话，同时也是我的心声：为人类命运共同体的实现贡献力量！我还要赶飞机去参加一个会议，第三个 17 年，我们可以在视频电话中细说。"

陆军飞速地整理好行李，我跟着他下楼，没想到在如此急促的时间里，他还是坚持送我先上车。看着他远去的身影，我觉得像陆军这样的科学家和一校之长是这个世界温暖安宁的底色，像涓涓细流，润物无声，流淌在这个世界的各个角落。

我一直觉得我们国家能够昂首挺胸地站在世界前列，是因为有很多人在默默无闻地工作，你不认识他们，甚至可能连他们的家人都不知道他们在做什么，但是他们的工作却撑起了一个民族的兴盛和强大。陆军就是其中一位。

巧妇能为无米之炊，自力更生当自强

和陆军聊他的第三个 17 年已经是一周以后的事情了。

我们在视频上互问了好，随即我向陆军问了问题："陆校长，我们聊了您的 2 个 17 年。第一个 17 年的家风、学风埋下了第二个 17 年的种子——做雷达，第二个 17 年的无巧不成书埋下了第三个 17 年的种子——做预警机。那么，今天我们就聊聊第三个 17 年的种子是如何发芽并长成参天大树的，好吗？"只见他思考片刻，接着和我聊了开来。

"我现在的工作内容和第二个 17 年是有关系的，工作内容还是与雷达有关，雷达在我们生活中被广泛运用，比如倒车雷达，对吧？"

我点了点头，说："我汽车上就有倒车雷达。"

"对啊，现在雷达的应用是很普及的了，它实际上用的就是雷达的无线电定位这一概念，但是在一个国防建设的庞大体系中，雷达还能怎么用呢？"

"怎么用？"

"小沈，2008 年北京奥运会的开幕式你看了没有？"

"这么伟大的盛事，肯定得看！"

"在奥运会的安全保障中我们研发的预警机发挥了重要作用！"

"真的？"

"那是自然，在国防战线上，预警机发挥着不可替代的作用。预警机是一个国家空军现代化的重要标志。预警机可以指挥一群战斗机，并形成一个集群系统，它相当于空中'帅府'，所以它是不可或缺的。没有预警机，我国的空军作战水平可能就要退回到 20 世纪 40 年代了。预警机实际上是一个移动的雷达站和指挥所，它把我们的视线范围进一步扩大，讲得夸张点，预警机就是空军的'千里眼'。"

我一边听一边疾书。随着中国科学技术水平的提高，当下很多军用

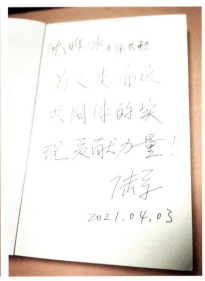

陆军送作者的《理想国》

装备已经日益实现国产化，"空警–2000"就是其中杰出的代表，是由陆军主持研制的。

"空警–2000"的成功研制标志着我国仅仅用了几年时间就走完了西方国家十几年才走过的路，这可以用"奇迹"二字来形容。接着，我说："陆校长，我特别想知道，研发背后都有哪些故事。"陆军咧嘴笑了笑，谦虚地说："奇迹倒也谈不上，但是当时困难确实是有的。小沈，你知道一架预警机最核心的部位在哪里吗？"

"不会是我在电视新闻里看到的圆盘吧？"

"对，有点像蘑菇云吧？"

"嗯，是很像。这个起什么作用呢？难道像汽车倒车雷达一样，是看空中的东西的？"

"你很聪明，这个圆盘确实是用来看空中的东西的。

"在我国还没有研发预警机的时候，无论在海里还是空中，我们都很被动，因为看不见，我们只有地面雷达，所以从 20 世纪 50 年代开始，我们觉得必须拥有预警机。但是由于当时国力弱，'空警一号'预警机研发未能成功。然而在那样艰苦的条件下，我们还是坚持研发预警机，这代表的是一种决心，尽管能力似乎还不够，但我们坚持往前走。所以，大家有的时候会说'空警一号'失败了，我说没有失败，这代表的是中华民族不屈不挠的精神。在艰难困苦的环境中，我们认准目标，不断向前。

"到了 20 世纪 80 年代，虽然我国的国际环境有所改善，但对于我国的军事方面，压力还是很大的。我们首先想到向当时先进的国家购买预警机，但是被它们拒绝了，并且也不允许我们参观，因为预警机是很重要的一件战略武器。

"其次，我们想到与一个关系较好的国家进行合作研发，但是最终这个国家迫于美国的压力，单方面撕毁合同。当时的中央领导说：'我们这样的一个大国必须靠自己的力量，否则是不行的。工业部门一定要争口气，否则总是要被人卡脖子的！'所以从某种程度上说，我们的对外合作虽然失败了，但催生了我们的'争气机'。我们军工战线从研发'两弹一星'起就有了一种精神，那就是中华民族的精神——自力更生。2009 年，我们自主研发的预警机飞越了天安门广场，我感到无比自豪，无比骄傲。

"那一天，看着预警机作为领队长机带着庞大的空中梯队，毫秒不差地飞过天安门广场的上空，接受全国人民的检阅，我说了一句话，'这架预警机不是飞过去的，是我们团队用双手把它托过去的'。

"小沈，1999 年国庆阅兵的时候，我们领队长机是轰炸机，轰炸机代表着战争机械化。2009 年国庆阅兵的时候，领队长机是'空警-2000'预警机，这是战争信息化的重要标志。看到我国自主研发出了预警机，美国詹姆斯敦基金会评价'空警-2000'是安装了相控阵雷达的预警机，它比美国的 E-3C 预警机领先了整整一代。我们很自豪，因为到现在为止，全世界预警机相控阵雷达我们做的是最好的。"

"哇，真的是太棒了！"我不禁向陆军竖起了大拇指，"您是怎么参与并主持'空警-2000'的研发的呢？"

"当时甄选'空警-2000'的总设计师时，我正在做雷达研发，听到国外撕毁合作合同时真的非常气恼。不久，王小谟院士代表组织找我谈话，让我带队研发预警机。听完，我吓了一跳，预警机的长相我是知道的，但是怎样研发我就不知道了。"

"陆校长，我很好奇当时组织和王小谟院士选中您作为'空警-2000'

的总设计师的原因是什么。"陆军眉毛微微地一挑，拿起茶杯喝了一口水，说道："王院士在选人方面确实有他的一套。我现在也在回想为什么会被选上，可能在他心目中我的点子、想法比较多，比较'不怕事'，任务完成得比较快吧。

"对于如何研发预警机，我真的没底，但是王院士和组织还是给了我决心和信心。后来我去中国电子科技集团公司电子科学研究院一看，确实有一些积累，但是离研发成功还差得很远，包括要改造的'伊尔-76'型飞机，我们连图纸都没有，所以我们和航空公司的同志们是真正意义上的从零开始，比较难的就是怎样把这么多系统集中起来工作。

"其间，我们遇到了很多困难，但最终我们研制出了'空警-2000'并获得了9个世界第一。这说明在有创新意识的前提下，即使落后一点，只要规划好，也是可以弯道超车的，可以跑到世界第一的。"

听到这儿，我热泪盈眶，太不容易了。

"2007年，我们跟王小谟院士商量，'空警-2000'采用的是平衡木型雷达，前后有探测盲区，想要解决这个问题，必须让飞机背上圆盘型雷达，让它360°无死角。但是那时，支撑2个型号预警机研发的资金是不够的。"

"那怎么办？巧妇难为无米之炊啊！"

"是的，在2004年，听说巴基斯坦想购买预警机，我们立马推荐了'运-8'飞机背圆盘雷达的方案，他们很感兴趣，但也提出一个要求——必须看到真正的他们想要的预警机。我们立马自筹资金买了一架'运-8'飞机，在1年之内把它改成了预警机。巴基斯坦总统访问中国的时候，看见了预警机，就叫军方快签合同，军方说必须将预警机开到巴基斯坦检飞，达到要求后才签合同。当时是我带队去巴基斯坦的，我记得非常清楚，对方一共安排了 10 多个检飞科目，最难的科目就是让预警机侦察山区里飞行的战斗机。那天的检飞完成得很好，我从飞机上下来时，对方向我竖起了大拇指。"

有志者事竟成，青春无问西东

"陆校长，研发团队的工作一定很辛苦吧？"

"首先，我们团队有一个工作制叫'711 工作制'，一周工作 7 天，一天工作 11 个小时，一年 365 天天天如此。其次，我们有不怕苦的精神，无论是在高温下，还是在−20℃的冬天里，铁打的我们夜以继日，全力以赴，共同奋斗。大家每一次试飞后的第一件事，不是休息，而是直奔办公室，马不停蹄地分析试飞数据。这 10 多年来，我们就是靠着不怕苦、不怕累的精神在坚持。"

我想，祖国发展到今天，靠的就是这一大批默默无闻的一直在努力奋斗的人，我辈自当继续努力。

"在我们研制预警机的过程中，令我最痛心的还是 2006 年的一次试飞过程中牺牲了 40 位战士。"

"啊！"我惊叫了起来，太令人悲痛了。

"是的。"突然，陆军哽咽了起来。他定了定神继续对我说："事情发生以后，有一件事让我至今难以忘怀。发生这样的事情，我们最难面对的是烈士家属，觉得对不起他们，没照顾好和守护好这些年轻的同志。当时有一位烈士家在偏僻山区，连详细的地址都没有，我们从当地派出所了解到这位烈士家的地址。派出所同志开着警车送我们去了他家，见到了他的母亲。临别时，他的母亲仅提出了一个要求——请乡里给她开个证明，证明她的孩子是为国家牺牲的，不是出了其他的事。"陆军忍不住流下眼泪。

我们彼此平静了一会儿，只听陆军继续讲道："我们在他们牺牲的广德建了烈士陵园，每年都会去看望在青山环抱之中的他们。我还写了一首诗，诗名叫《无尽哀思滚滚来》。'每逢六三日，祭奠在广德。青山埋忠骨，翠竹寄哀思。奋斗为强国，牺牲铸辉煌。空警巡海疆，民族挺脊梁。'2021年，我和我的团队再次去了广德，那天下着大雨，真可谓'忽报人间曾伏虎，泪飞顿作倾盆雨'。我们现在生活在一个非常好的时代，不要问祖国为我们做了什么，而要问我们为祖国做了什么。我要代表整个团队向全世界说一句——我们要做世界上最好的预警机。

"我觉得，现在年轻人的机遇特别好，现在中国的机遇也特别好。我们要走出国门。我经常跟同志们说不仅要建设美好中国，而且要建设美好世界；美好中国有很多问题要解决，美好世界也有很多问题要解决。但不管怎样，只有建设出来才能叫美好中国、美好世界。第一，要大胆地干；第二，要站在世界的角度做好中国的事情。"

我瞬间想起了电视剧《觉醒年代》中的台词：

> 干革命哪有不苦的，可这苦是我自找的，我情愿的，乐在其中……以青春之我，创建青春之家庭，青春之国家，青春之民族，青春之人类，青春之地球，青春之宇宙，资以乐其无涯之生。

"陆校长，您有没有预想过预警机领域的接班人，年轻的总设计师？"

"早就有了。王小谟院士是我们的旗帜、大树、领军主帅，其后我们已成长起三代预警机总设计师，平均年龄不到 35 岁，第四代也在快速成长。"

我听了内心充满期待。

以梦为马，不负韶华

在后来的一次相约中，我见到了研发预警机团队的部分成员，他们都非常年轻且非常谦恭。刚坐下，我们就聊了起来。

首先是一位量子领域的专家，他沉着冷静，说话不疾不徐。

"院士带着我们创建了一套质量体系。这套体系能使一个没有接触过此类工作的人，或者说刚从学校毕业的学生快速进入工作状态，践行了'双五归零'方法。"

"'双五归零'是什么？"

"第一个是管理五归零，这个方法很有用，要求我们思考发现问题后怎样解决问题；第二个是故障五归零，学会举一反三，不能头痛医头，脚痛医脚。院士教给我们的方法是学校里学不到的。无论是质量控制还是技术状态管理，都是我们日常生活和工作中用得到的。院士已经引领我们朝产业体系工程方向走。"

坐在这位专家旁边的是一位研究信息化战争技术的博士。

"您看起来很年轻！"

"我是 1987 年出生的。毕业之后就来到这里工作。院士对我们年轻人的培养，我是深切地感受到的，院士给了我一个很大的成长空间。平时，在指导科研方面，不管是工作时间，还是吃饭时间，院士想到什么了就会打电话给我。"

　　"校长，是这样的吗？"我转头问陆军。陆军笑着说："想到什么就马上打电话与他们讨论。"博士接着说："院士对团队研发的进度，一直挂在心上。院士曾经说过要让年轻人去尝试，不让他们尝试，不让他们去干，不让他们悟透，跟他们讲得再多，他们可能都理解不了。"

　　在聊天中，2 位团队成员相继提到了陆军让团队成员学哲学、看哲学书的事儿。我非常好奇，于是主动问起另外一位预警机领域的专家："您对院士让团队成员学哲学的事有什么看法？"

　　"沈老师，院士确实让我们学哲学，我认为科学真正的思想基础是哲学。我们要求真求实，任何事物都有泡沫，科研也不例外，我们需要戳破泡沫回到事情的本质上。我们不能光停留在自然科学上，哲学是在科学技术之上的，是对我们科研人员人生观、世界观和价值观的一种塑造。陆院士是优秀共产党员，我们可以感受到他对党的无限忠诚，能体会到他对国家的贡献，他是一个具有家国情怀的人。

　　"我更想说的是陆院士的平易近人。陆院士把任务交给我们的时候，都会站在我们的角度考虑。"

　　我随即脱口而出："一生遇到一个良师足矣。"陆军爽朗地笑了起来："我要把他们的斗志'忽悠'起来。这就是一个研发的大家庭，所以我们要团结起来攻坚克难。"

　　一位女专家也积极地说道："陆院士还会做很多公益，特别关心、关爱青少年，遇到学生来我院参观，陆院士会亲自为他们讲解。有一次我们组织年度环湖竞跑，我的孩子第一次见到陆院士，院士抱着我的孩子还留了一张照片。我把照片洗出来，经常鼓励孩子要向院士学习。有一次学校布置了一篇作文——《心目中的英雄》，我的孩子毫不犹豫地写了陆院士，文章我还保存在手机里呢。"

"哦？念来听听。"我迫不及待地说道。

"陆军伯伯是一位研究预警机的科学家，是预警机事业的开拓者……他勤奋努力，敏而好学，终于成了一名了不起的科学家，也是中国工程院院士……陆军伯伯平均每天睡 5 个小时，需要研究的资料很多，常常刚刚睡下，就有了新的想法，赶紧起来和专家们一起讨论，非常勤奋刻苦！他最终完成了任务，造出了预警机。我崇拜陆军伯伯，他是我的榜样，更是我心目中的英雄！"

"作文充满了孩子对陆院士的崇拜。确实，孩子的理想种子是小时候种下的，相信这一抱，这一交流，给孩子留下了难忘的印象。"

在与陆军及其团队成员交谈的时候，我心中一直在想，像王小谟院士和陆军院士及其他中国"电科"人乃至国防战线上的广大军工人的爱国精神和崇高情怀充分彰显了"国家利益高于一切"，他们带着"自力更生、创新图强、协同作战、顽强拼搏"的预警机精神在履行新使命的征程上，在国防科技战线上不断创造新的辉煌。

方正为人，勤慎治学

我问陆军："您的第四个 17 年，应该是从 2019 年 10 月开始的，您有什么期许？"

陆军略一沉思答道："我是 2019 年 11 月领受集团党组任务，到嘉兴筹建中国电子科技南湖研究院，2020 年 9 月完成筹建任务。2020 年 8 月，我被组织任命为嘉兴学院副书记、院长，人生中有了一个在'长三角'发展的新舞台。嘉兴学院的校训'方正为人，勤慎治学'正是红船精神在嘉兴学院的具体体现。2020 年 9 月 18 日，我在嘉兴学院'省身讲堂'第 114 讲暨 2020—2021 学年第一学期'开学第一课'开讲时讲了一句话——不要问中国为你做了什么,而要问你为中国做了什么!我希望这一课为 2020 级新生扣好人生的第一粒扣子,盼望新生能够'不忘初心、牢记使命',意识到吾辈当自强。我对红船旁的这所大学充满了信心。嘉兴学院对嘉兴乃至长三角地区的发展贡献了巨大力量,我一定会尽职尽责,为国家培养出更多的栋梁之材。"

"相信您会给嘉兴学院带来别样的生机和风采的。

"2021 年 5 月 17 日,我听了您的第二期'校长面对面':与信仰对话。我还深深地记得您在开篇中提了 2 个问题:'我到世上做什么?''我到嘉兴学院做什么?'您还通过陆游和毛泽东分别写的咏梅诗词号召广大师生树立博大的世界观,不断超越小我、成就大我,最终达到无我境界。"

陆军笃笃地点了点头说:"确实,中国共产党是如何做到'大我'和'无我'的?张思德、雷锋的故事就告诉我们很多,中国共产党正是在不断磨砺、不断奋进中成就了百年辉煌史。百年嘉院与祖国一同成长,嘉院人为早日建成一所有特色、善创新的一流综合性应用型大学一齐努力奋斗。"

"看来第四个 17 年已在您心中搭建好了。您在嘉兴学院 2021 届毕业典礼上的讲话主题是'与时代同向同行,在盛世中肩负大任',有什么特殊的意义吗?"

"是的,我觉得他们生逢盛世,是国家繁荣富强的见证者,是学校蓬勃发展的参与者,更是自我精彩蝶变的创造者。一代人有一代人的使命任务,一代人有一代人的责任担当。此时此刻的嘉兴,举国瞩目、举世瞩目。中华民族正站在'两个一百年'的历史交会点,朝着祖国的宏伟目标，开启新征程。"

　　"数风流人物，还看今朝。"陆军神采奕奕、充满自信的脸，让我对他的第四个、第五个甚至第六个 17 年充满期待。相信他今天播下希望的种子，明天会变成茂密的森林。

　　一席话后，他匆匆挥手和我告别。挥手之间，我回想，陆军不断地演讲，不断地研究，不断地培养学生，他是一位真正的学者，并且给予预警机研发团队、嘉兴学院学子及身边的朋友精神上的慰藉和信仰上的支持。不负百年荣光，不忘初心使命，陆军是一位有坚强生命力和坚韧意志力的科学家和大学校长，是这个时代具有温暖力量的人，是在红船旁为实现中华民族伟大复兴的中国梦而不懈奋斗的人。

　　　　　　　　　　　　　　　　　　　　　　专访于 2021 年 4 月

书生不负医国手，赋成今日奏明光

——专访浙江大学医学院附属邵逸夫医院院长蔡秀军

　　人物名片：蔡秀军，浙江温岭人。著名外科学家，浙江大学医学院附属邵逸夫医院院长。兼任中华医学会外科学分会副主任委员、中国医师协会外科医师分会委员会常务委员、国务院学位委员会临床医学学科评议组成员、教育部"长江学者奖励计划"特聘教授。荣获国家技术发明奖二等奖1项、国家科技进步奖二等奖2项、教育部科技进步奖一等奖1项、浙江省科技进步奖一等奖3项等。他研发了腹腔镜刮吸解剖法肝切除术、腹腔镜下区域性肝血流阻断技术，在国际上完成首例完全腹腔镜下绕肝带法二步肝切除术，创建了国内首个微创医学学科。

　　初秋的午后，我如约坐在浙江宾馆的大厅里等候蔡秀军院长。阳光透过大厅的临山落地玻璃窗洒了进来。午后的阳光，虽没有旭日的朝气，也没有夕阳的柔和，却有着温暖如玉的光辉，不喧哗，不张扬，以沉静的姿态迎接每一位匆匆往来的宾客。"哦哟，对不起，我来晚了，之前在兰溪参加会议，刚赶到这里，让你在这里等，是因为待会4点钟我要在这里参加医学论坛会议。"看着风尘仆仆的蔡秀军，我连忙站起身，说道："院长，您吃饭了吗？""吃了吃了，在高速公路服务区吃过了，这是给你带的'邵医'的咖啡，很香的。" 我突然有些感动。此时，阳光爬上了窗棂，温暖了大厅的每一粒尘埃，每一个角落。

秋深橘井甘泉涌，春早杏林芳树斜

我拿起咖啡杯，一口馨香入口，回味无穷。蔡秀军，这位来自温岭长屿的医院领导，在邵逸夫医院初见时便给我留下了深刻的印象：幽默而不失自信的谈吐，儒雅且充满学者风范。今天的深入交谈，使我更加透彻地了解了他坚持不懈且富于创意的学术历程。

谈到自己的经历，蔡秀军向我娓娓道来：参加高考已过去 30 多年，今日谈起觉得高考仿佛发生在昨天。1979 年，蔡秀军在新河中学读书，英语是弱项，1981 年，他仅凭数学等科目，在高考中考出了高分。当年选择学医是现实的驱使、朴实的心愿。在村里，蔡秀军经常看到由于医疗技术落后病人的治疗被耽误的情况，这样的情景他一直铭记在心，也使他更加坚定地选择了学医。后来，他考取了浙江医科大学医学系。读了 5 年书后，他被分配到浙江大学医学院附属第二医院普外科工作。1988 年，他考上在职硕士研究生，1993 年又攻读了博士学位。1994—1995 年，蔡秀军很幸运地以访问学者的身份到美国弗吉尼亚大学医学中心进修肿瘤外科与创伤专业，可以说这是他学术研究的一个转折点。也就是在这一年，他开始尝试进行腹腔镜微创手术。

会挽雕弓如满月，西北望，射天狼

　　讲到微创外科手术，蔡秀军的眼睛里仿佛有一道光闪过。他说微创外科手术是 1987 年由一位名叫 Mouret 的法国医生发明的，浙江大学医学院附属邵逸夫医院是国内最早开展这项手术的医院之一。从当初的摸索到现在的成绩，是一个艰辛的实践过程。可以毫不夸张地说，腹腔镜微创肝切除手术到目前为止仍是国际上难度系数较高的微创外科手术之

蔡秀军与作者的合影

一，蔡秀军是在 1997 年才开始做的。当时上海第二军医大学第三附属医院在全国首先使用微创外科手术技术进行了肝切除。闻知这一消息后，蔡秀军就开始自己摸索。当时他只是抱着试一试的心态，这种手术风险大、技术含量高，他坚持自己做。第一例手术病人是一位肝癌患者，身体情况还算好，手术也很成功。万事开头难！到 2003 年，蔡秀军已经顺利完成这类腹腔镜微创肝切除手术 45 例，到现在他已经成功地施行了几千例。

我拿起"邵医"的咖啡饮了一口，我想生活就如咖啡，刚喝下去虽苦，久了就喝出了香浓，时不时还念着那苦味。之后，蔡秀军充满自信，勇于向困难最大、风险最高的研究项目发起挑战，而成功也往往垂青这样的人。"目前国内有很多人到我这里来做手术，甚至凌晨 3 点就来排队挂号。"1997 年 4 月，年仅 34 岁的蔡秀军担任了邵逸夫医院普外科的副主任，他在学术和事业上取得的成就，源于他忘我的工作精神和执着的人生追求。在邵逸夫医院，他还创下一个纪录——一天开刀 13 例，全是腹腔镜下的微创外科手术，每次手术时间仅为 20—40 分钟。1999 年 12 月 13 日，他出任邵逸夫医院的副院长，2000 年被评为教授，2001 年升任为博士生导师，2013 年出任邵逸夫医院的院长。

蔡秀军一直是饮水不忘思源的人。在 2014 年初，蔡秀军为了感恩邵逸夫先生，特地在邵逸夫医院建院 20 周年之时为邵逸夫先生塑了铜像。当时为了将这一铜像的形象塑造得更加贴近邵先生，蔡秀军找了 300 多张邵先生的照片，让中国美术学院的教授设计，让上海造币厂制作成像，并且就铜像摆放位置与大家讨论很久。在铜像揭幕时，邵方逸华女士感动得流下了眼泪。后来，为了打造医院文化，医院为病人和医护人员开辟了一个咖啡吧，蔡秀军毫不犹豫地选择了"邵医"2 个字作为咖啡吧的名字。

造福苍生书大爱，身似明烛照天涯

人专注于自己内心的时候是一种美，这种美，就像咖啡的味道，让人陶醉。蔡秀军拿来的"邵医"咖啡的香味在空气中弥漫，我想人生确实像一杯咖啡，苦过之后，才让人感到无穷的香甜。

蔡秀军说："医生最大的幸福是，病人进医院的时候是痛苦的表情，经过医生的治疗后，病人带着笑容离开了医院。因此，心灵的抚慰和支撑原本就是这个行业极其重要的一个方面，只有把生理上的治疗技术和心理上的抚慰加在一起，才构成'医者仁心、治病救人'这8个字的全部含义。"

当时蔡秀军师从浙江大学医学院附属第二医院的彭淑牖。彭淑牖是广东人，英国留学回国，无论在医术上还是医德上，蔡秀军一直以他为榜样。一次非常顺利的手术后，病人却在医生查房时表示自己很痛苦。当时，彭淑牖就对蔡秀军说，一定有问题，要好好检查每一个细节，一定要关注病人表达的每一个意思。经仔细检查，最终，在愈合的地方发现了问题，解除了这个病人的痛苦。

蔡秀军说，救人性命是最大的善事，也是最大的担当！蔡秀军曾经在高空中救助了一名女性患者。民进舟山市委会副主委王敏杰在微信群里分享了这么一则消息：今天在飞机上有人突感不适，机组人员广播寻求帮助。即刻，一位穿着白衬衫、戴着金丝边眼镜的儒雅中年人在空姐的带领下前来救治，10多分钟后患者转危为安。医者仁心！感动！

2018年9月8日下午1点多，HU7875次航班准时从西安咸阳机场飞往杭州萧山机场。途中，有一名旅客突发疾病需要救治，机组人员紧急寻求机上旅客中的医务人员以提供救治。听到广播后，蔡秀军毫不犹豫地站了出来，跟着空乘人员来到机舱尾部，只见一位 40 岁左右的妇女紧紧捂着腹部，表情非常痛苦。经过初步检查，发现患者生命体征尚属平稳；再根据疼痛点及疼痛牵涉情况，有多年从医经验的蔡秀军判断，这应当是在长途舟车劳顿后由泌尿系统结石引起的突发性绞痛。这一判断随即得到了印证，患者自诉曾在 B 超检查中发现过结石。确认病情后，蔡秀军指导机组人员用机上备用药品对患者进行了救治，并叮嘱患者下机后尽快到医院做进一步治疗。待患者病痛缓解后，蔡秀军才回到自己的座位上。"为良医者，随在可以活人。"虽然身上没有披白大褂，但他心中始终不忘医务工作者的责任，在他人危难之时义不容辞地挺身而出。在蔡秀军看来，这场高空救助，"真的只是一件小事"。

蔡秀军虽然名誉满身，但没有丝毫的傲气与架子，他始终都在以一种虔诚、虚心的学者风度与人交谈，这便是他的人格魅力。病人在疾病面前常常是无助的，他们渴求同情与关爱。在看到这一颗又一颗苦痛的心、一张又一张苦痛的面孔时，蔡秀军非常注意自己的一举一动，他的一个微笑、一声问候、一次关照都会给病人带来很大的宽慰。

杏林春暖互联网，大医精诚诊疗忙

蔡秀军提出用"互联网＋"破解医院服务低效的痛点。讲到互联网，蔡秀军的眼睛一亮，利用互联网技术来提高挂号和诊疗的效率，邵逸夫医院真的走在了前列。蔡秀军讲到这时眉飞色舞，拿出手机打开 App 给我边演示边解说。患者经常诟病的医院服务效率低的最直接表现是排队慢，包括挂号排队慢、就诊排队慢、缴费排队慢、取检验报告排队慢等，实际上，利用互联网技术，患者就医全流程中的每一个环节都可以智能化串通起来，从而大大地提升医院的服务效率，大幅度降低患者的就医成本，尤其是时间成本。具体来说，邵逸夫医院开发了医院拥有自主知识产权的就医App，这个App联通了挂号、缴费（含省级医保支付）、取检验报告等环节，可谓是"一网打尽"就医全流程。也就是说，患者只要利用App，不管是在工作的间隙还是躺在家里，都可以预约挂号。完成挂号之后，App会精确地通知患者就诊的时间、地点。并且，这些通知患者就诊的信息会具体到几点几分，以及就诊楼层的几号房间。患者就诊之后，后续的缴费及检查报告查看等事项，都可以在App上完成。

出于种种原因，大部分相关App不能联通医保，患者需要在支付环节排队缴费。邵逸夫医院在2年前就开始联通了省级医保，实现了互联网技术覆盖就医全流程。现在，邵逸夫医院门诊人均就医时长为1.7小时，较原来的5—6小时减少了很多时间，患者就医满意度也因此大大地提升。其实，总结起来，利用互联网技术提高医疗服务效率的根本，就在于让"数据多跑路、患者少跑腿"。让数据多跑路也需要做好顶层设计，既要保障数据道路的畅通，又要让医生和患者养成使用互联网的习惯。现在，只要患者来医院就医，医院导医台的护士就会积极地向大家推荐这款App。对于护士的积极努力，医院也会给予适度的奖励。而患者一旦接触并使用了这款App之后，就会成为它的黏性用户，因为实在是太方便了。

看我一声声惊叹，蔡秀军说道："服务效率提高，也是资源优化的直接体现。邵逸夫医院的服务效率得到显著提升以后，医院又在优质医疗服务下沉方面做了一些探索。例如，在全国推广微创外科技术即中国微创外科专家行项目等。我们积极推广中国微创外科专家行项目，助力分级诊疗。"我立马问道："分级诊疗又有哪些具体要求呢？"蔡秀军此时更是兴奋，他打开了一个软件，向我解释道："简单来说，就是相对较轻的疾病在基层医疗机构处理，那些急危重症患者，则需要送到大型综合医院（三级医院）去诊治。邵逸夫医院的实践证明，微创外科技术在全国推广可作为推进分级诊疗的一个抓手。这是因为，虽然目前在'北上广杭'的大型综合医院，微创手术已经普遍开展，但基层医疗机构，包括县级医疗机构，很多还没有开展这项服务的资质或能力。因此，把微创外科技术推广到基层医疗机构，不仅能够直接为基层患者服务，更重要的是能够缩小城乡之间的医疗水平差距，这实际上也是我国推进分级诊疗制度的初衷之一。"

在"2018中国微创外科专家行暨浙江省微创技术规范化巡讲启动会"上，项目牵头人蔡秀军就提出作为一名临床医生暨医院管理者，他希望让更多中青年医师拥有更多的、更好的学习机会，从而为患者提供更好的医疗服务，这是他的心愿。还有在医院提升服务效率方面，就邵逸夫医院而言，医院的规模不大但服务效率达到了国际先进水平，这也主要得益于以蔡秀军为引路人的团队的不停探索。例如，邵逸夫医院大力推广微创手术（占手术总量80%以上），目前手术能力已经处于国内领先、国际先进水平。大力推广微创手术是因为和其他常规手术相比，微创手术出血少、创伤小、疼痛轻、恢复快、住院时间短，能够让手术病人身体承受最小的创伤，同时可以取得较好的治疗效果。相比以往做了常规手术后需要住院5—7天，做这种手术，患者一般24小时就可以出院了。因此，邵逸夫医院的病床周转率得到大幅度提高，平均住院日也因为病床周转率的提高缩短为6.5天左右，邵逸夫医院可能是国内综合类医院中病床周转率最高的医院之一。

蔡秀军笃定地对我说:"自从我当了院长后,我就开通了院长信箱,并且一定会亲自看,亲自回复。我一直认为,要以病人为中心,必须先让医护人员自己有医院主人的意识,这样医护人员才能够有责任心,所以我提出了以病人为中心,以员工为主体的理念,把国家的政策都用足,把编制都尽量给员工用足,让员工的心定下来,给年轻医生发展的空间。后来我还用一部手机专门注册了微信号,建立了微信群,让几千余名员工都能通过微信找到我,解决一些职场上、生活上的问题。"另外,蔡秀军还和我提到,他还研究出了一种管理手术台的方法,手术医生从换上手术服开始,直至手术结束从手术室出来换下手术服,都有芯片跟踪,这样大大地提高了手术室的周转率。这时,我看到了蔡秀军颇为得意又有些调皮的笑容。他对我说:"学医必须谦虚谨慎,管理者更要在工作创新上下功夫,处置更要胆大心细。"

听到这里,我突然为浙江有这样的好医生感到欣慰。蔡秀军对我说:"今年我去北京国家卫生健康委员会讲了讲医疗方面如何运用互联网技术,让一个基层院长去部委讲课还是首次。"

当我问起如何在政协岗位履职时,他说绝大多数时间不请假。为了参加政协会务或者调研,他几乎将所有会议安排在周一一天完成,为浙江医疗和公共服务出谋划策,尽力尽心尽责。

这时蔡秀军参加医院论坛会议的时间到了。在我送他去会场的路上,他一边走一边说:"我选择学医一生无愧,我要为国家和人民出点力。"我热泪盈眶,突然想起冰心老人的话:

爱在左,同情在右,走在生命的两旁,随时播种,随时开花，将这一径长途，点缀得香花弥漫，使穿枝拂叶的行人，踏着荆棘，不觉得痛苦，有泪可落，却不悲凉。

看着他大踏步地往前走，我陷入沉思，他那沉稳的性格，大刀阔斧的改革精神，虚怀若谷的学者风范，无论是医学耕耘还是政协履职，蔡秀军登上了一个又一个学术和管理的创新巅峰！

专访于 2018 年 10 月

文兴研丝一片心，万户转袖锦衣来

——专访浙江理工大学校长陈文兴

人物名片： 陈文兴，浙江绍兴人。理学博士（浙江大学），工学博士（日本信州大学），中国工程院院士，浙江理工大学校长。长期从事高端纤维制备技术研究，在蚕丝和涤纶工业丝制备领域取得了创新性和系统性研究成果，先后突破了 3 项关键技术，推动相关产业技术走向国际领先地位。曾以第一完成人获得国家技术发明奖二等奖 1 项、国家科技进步奖二等奖 1 项、浙江省科学技术奖一等奖 2 项。搭建国家地方联合工程实验室等平台，发表学术论文 300 余篇，其中 SCI 收录约 155 篇。

我匆匆地乘车赶往陈文兴校长下榻的酒店，路边挺拔的银杏树枝丫紧凑地向上伸展。树下的草坪上早已落满了一层金黄色的银杏叶，夕阳洒在这些似蝴蝶的银杏叶上，一片绚烂。冷风肃杀告知我们现在已是冬天。我进入酒店大堂见到了陈文兴校长。陈校长五官俊朗、棱角分明，周身散发着智慧的光芒，没有一点架子。

有心栽花花不开，无心插柳柳成荫

我们亲切地互相问候，并且聊了起来。

"我是绍兴东湖农村出来的孩子，当时在农村接受的教育是不正规的，几个知青教我们，他们讲普通话我们听不懂。学语文时，我们没有学拼音直接就开始认字了。初中的时候，读书的氛围也不浓，我们也没有好好读书。每个周末，我们还要到生产队劳动挣工分。"陈文兴校长说道。

"当时很多人只读完小学就帮助家庭挣工分了，您是出于什么原因继续读书的呢？"

"因为那时候我学习成绩比较好。后来读高中，我去了绍兴钢铁厂（现在已被拆掉了）对面的东湖中学，不是现在的绍兴东湖中学。"

"在绍兴读书期间有没有令您印象很深的事？"

"我是农村人，我家离学校大概有 5 公里的路程，那时没有自行车，只能靠走，所以从高中开始我就住校了。每个周一的早上，我从家里带米和霉干菜来学校，自己淘米，自己去食堂蒸饭，搪瓷杯里一杯霉干菜要吃一个星期。周五晚上回家，周六、周日还要务农挣工分。我是在这样的环境下学习的。后来恢复了高考，自然想跳出农村，当时高考是唯一的出路。我的高中老师虽然不是名师，但我认为他们的水平很高。那时的老师真的非常认真，非常敬业，确实是像蜡烛一样点燃自己照亮别人。我理科成绩比较好，经常考第一名，老师比较喜欢我。当时在东湖中学，每年能考上大学的就一两个人。考上大学是一件天大的事情，意味着可以走出农村了。1980 年，我考上了浙江丝绸工学院。我是农历十二月出生的，其实那时还不到 15 岁。我思想单纯，想法简单，走的

陈文兴与作者的合影

路径也很单一。一直到现在，从学校到学校，平生工作就没有离开过学校。"

我惊奇地瞪大了眼睛，看着我吃惊的样子，陈文兴认真地强调了一遍："这是真的，我没离开过学校这环境。

"现在我从事教育工作，学校要让学生做好职业生涯规划。有规划肯定比没规划好，但是我感觉人生的道路不仅仅靠规划，关键是在任何岗位上都要踏踏实实地做好工作。譬如我，很多事都是机缘，当时高考填写志愿，我一点也不懂，老师说浙江丝绸工学院好，我就填了。我当时的就业方向主要是工厂。"

"当时的工厂可好啦！我家邻居就是工人，他们的物质生活条件很好。"

"当时工厂是国营的，大学毕业进入工厂就可以当干部。当时浙江丝绸工学院很有名，录取分数和重点大学的录取分数差不多。我在想为什么读了这所学校而没读其他学校呢？这就是人生机缘！"

我点了点头，很是认同。世间遍布巧合，关键是如何把握机遇。这些巧合构成了相遇、离别与重逢，人们所经历的故事，不外乎如此。

"大学毕业后，您没有去工厂上班，而是接着读研究生了吗？"

"是的，那时我们学校招研究生招得特别少，当年这一届有300多个学生，就招了3个研究生。"

"哇，那年招考研究生还真的是百里挑一。"

"其实千里挑一都不夸张，小沈，那时候高考的入学率大约为4%，研究生的入学率约为0.3%，所以真的算得上是千里挑一了。读硕士研究生时，有2个教授——戚隆乾、吴鹤龄做我的导师。他们是我学术生涯的引路人。在浙江大学读博士的时候，我的导师是沈之荃。她是中科院院士，充满了科学家的气质。她潜移默化、润物无声地影响着我的人生。她治学严谨，生活朴素，留着一头齐耳短发，一心扑在做学问上。我听说她早年求学时学的是俄文，但为了更好地搞科研又刻苦自学英文，每天早晨一边做早饭一边听英语广播。

"先生这种简洁干练、孜孜不倦我一直铭记在心，对我日后治学产生了很大的影响。我得知自己当选院士的消息后，马上打电话告诉了沈先生。"

陈文兴的言语中充满了对沈之荃先生的敬意。人一生中遇到一个好老师已经非常幸运，何况是遇到几个好老师呢。我打心眼里羡慕起同乡陈文兴来。

"在当时那个年代，我的偶像是陈景润，我每天只知道学习。课前预习，课后复习，做大量的题目。有一次，我参加学校理论力学方面的比赛，得了第一名。理论力学是机械系的专业课，没想到我一个丝绸专业的比机械系的学生考得还好。"说到学生时期的事情，陈文兴依然感到十分骄傲，"那个时候的笔记本，我到现在都还保留着呢。"

"我是1987年2月毕业的，毕业后，我就留校了，到机械教研室工作，一直都没有离开过学校。虽然学校名称变了，地址变了，但是大的氛围没有变。"

"您是从学丝绸走上了研究丝绸的道路，'机缘巧合'，真的是天意。"

纸上得来终觉浅，绝知此事要躬行

"导师告诉我研究生是做研究的，让我到企业里去调研。记得当时到浙江的企业学习，又去江苏、广东的企业调研，了解到了一个制丝行业亟须解决的问题。"

"您当时怎么想？"

"遇到难题就想办法去研究和解决。

"当时的生丝有一个质量问题——很多疵点。当时全国都在攻关这个难题，但就是解决不了。1984 年，读研究生的第一学期，我在导师的指导下开始研究生丝制备中的问题。我查阅文献和资料。其实生丝有疵点自古就存在，这是制丝产业的一大痛点。蚕茧制成生丝后总会存在疵点。如果你仔细观察就会发现，蚕吐丝的时候，头是摇摆的。也就是说，蚕以 8 字形吐丝结茧。一个蚕茧大约由 15 万个丝圈胶着而成，一根生丝又需要七八个蚕茧制成，所以缫丝过程中只要有极少数的丝圈没有被拉直就会形成很多疵点。存在疵点的生丝在织布时容易发生起毛的情况，甚至断线，严重影响绸面品质和生产效率。特别是从 20 世纪 80 年代开始，随着高速编织机的慢慢普及，解决生丝疵点问题更为迫切。生丝中的蛋白质本质上是一种高分子，这是我在丝绸工学院攻读硕士学位时钻研的方向。我在导师组的指导下，不分白天黑夜地实验，调控丝胶蛋白质结构，发明了'蚕茧高温触蒸前处理技术'，最终解决了疵点难题。这个方法使用时只需在生丝制备过程中增加一道工序，因此很快就在全国绝大部分缫丝厂得到推广应用。直到今天，还有不少企业在使用这一技术。2004 年，我们团队的'丝胶蛋白质结构调控及提高生丝产、质量新技术'创新成果获得国家科技进步奖二等奖。"

"太厉害啦，这个生产方法至今还在用。"看着陈文兴意气风发的样子，我由衷地赞叹起来。我感受到一个人只要壮志在胸，理想在怀，即便海浪汹涌也摧折不了远航的帆。

"在 20 世纪 80 年代，浙江财政可能一半以上是丝绸贡献的。这

30 多年来天然纤维的总产量基本保持平稳，后来随着化纤行业的迅速发展，格局发生了变化。目前在整个行业中，化学纤维约占 70%，天然纤维约占 30%。"

"这样的话，有一天天然纤维会不会完全被化学纤维代替？"我低头摸摸脖子上的真丝围巾，再抬起头看看陈文兴。

"虽然目前丝绸行业发展有些'乏力'，但我依旧对丝绸行业的未来持乐观的态度。我们知道，化纤的原料是石油。石油被大规模开采使用 100 多年，我们已经把石油储量消耗掉一半甚至一半以上了，按照这样的速度，不到 100 年，地球上的石油就会被开采完。所以别看化纤一时兴旺，如果原料没了，又没有别的替代品，它可能也就没了。相比之下，蚕丝的来源是稳定的。而且时代不同了，以前一家一户季节性养蚕的落后生产方式现今已被工厂化的人工饲料养蚕技术取代。有了空调，蚕可以生活在恒温恒湿的环境中，任何季节都可以产茧。随着工厂化人工饲料养蚕技术的日趋成熟，蚕丝产业的发展也有了更多的可能性。"

"这样太好了，毕竟从人体的舒适感和健康度来说，天然纤维还是有不可替代的优势的。"

"2016 年，浙江理工大学恢复了'丝绸学院'，并且与中国丝绸博物馆合办，变成了国际丝绸学院，培养本科生、硕士生、博士生。丝绸产业在中国传承了 5000 多年，已成为中华文明的一张金名片。丝绸不仅仅是一个产业的概念，更是一种文化，有很多内涵可以挖掘。"

"哇，我太期待啦！"

"有时间，小沈可以来丝绸学院看看。"

"嗯。正等您这句话呢！"我们不约而同地笑了起来。陈文兴神采飞扬，他的背脊挺直，像是蕴藏了巨大、坚韧的力量。

"我非常感谢我的导师，当时的导师都是在生产一线做研究的，而我们现在的研究有时是从'论文'到'论文'，我们当时的研究确实是以生产企业中的问题为导向，从实际生产中研究出来新技术，所以我始终认为我们的科研要么站在科学的前沿进行探索，要么就结合国家战略的需要、经济社会发展的需求、行业企业的需求，不要研究空对空的东西。我从事的是自然科学和工程技术研究，就要站在科技的前沿，同时要结合产业的需求或者国家战略的需求，对不对？"我不由自主地点了点头，静静地听着他说下去。

"研究生导师不像本科生导师，本科生导师帮你解决问题，研究生导师引导你发现问题，导师让你去企业里看看，然后引导你如何解决问题，所以导师是很关键的。读研的时候，我的导师戚隆乾、吴鹤龄先生就非常强调产学研结合，所以我这几十年来也一直注重产学研结合。"

满眼生机转化钩，天工人巧日争新

"20 世纪 90 年代以前，我们国家主要生产天然纤维，叫棉麻丝毛，丝绸是皇后。"

"为什么称丝绸为皇后呢？是因为面料娇贵吗？"

"也不完全是，我说一组数据，现在棉花大概 2 万元 / 吨，羊毛约 7 万元 / 吨，丝绸约 50 万元 / 吨。"

"原来差距那么大！"

"后来，1992 年，我去了日本做访问学者，学习那里的化学纤维技术。"

"您没有想过要留在日本吗？"

"没有，因为对家有牵挂，对国家也有牵挂。我们从事科研的人对经济数字并不是很敏感，心性很单纯。做科研的人还是比较纯粹的。

"20世纪80年代，我国天然纤维产量占全世界产量的20%左右，但化学纤维产量只占全世界产量的2%左右。20世纪90年代，化学纤维在国外已经发展得非常快了，国内还是以天然纤维为主，化学纤维产量很少，但已经开始提速了。现在，我国天然纤维产量占全世界产量的比例变化不大，为26%左右，但化学纤维的产量比之前翻了约170倍，目前产量已占全世界产量的70%以上，并且价廉物美，主要的品种涤纶只要1万元/吨，手感也很舒适。涤纶分成民用丝和工业丝。沙发、窗帘等使用的布料，属于民用丝。对于工业丝，因为其具有高强度、高模量、低伸长、耐疲劳、耐老化及尺寸稳定性好等优点，在生产生活中被广泛应用于轮胎帘子线、线绳等领域。但是，因为强度高、分子量大的特点，工业丝也给制备带来了很大困难。

"工业丝的熔体黏度是民用丝的10倍。黏度这么大，流动性很差，搅不动，搅不匀，过去无法直接制备，所以长期以来行业通用的是'三段式'（先熔融缩聚，然后固相缩聚，再熔融纺丝）制备工艺，不仅流程长，还要花巨资投入很多设备，能耗很大，产量也低。许多老牌国际化工巨头一直想改革工艺，但没有办法突破技术瓶颈。

"我和我的团队与生产企业深入开展产学研合作，十几年如一日，发明管外降膜式液相增黏反应器创制及熔体直纺涤纶工业丝新技术，通过创新熔融缩聚方法、发明核心装备和研发全流程工艺技术等，成功地用'直通式'的新工艺代替传统的'三段式'工艺，实现了涤纶工业丝高效、节能、短流程和柔性化的生产。工艺流程时间从原来的40多个小时缩短至约10个小时，大大地缩减了设备的投入和能耗；与此同时，涤纶工业丝的产能还比过去提升了一个数量级。通过校企合作，这一研究成果实现了大规模产业化。以前，我们国家涤纶工业丝年产量只有约100万吨，企业有20多个，平均一个企业年产量不足5万吨。'古纤道'这家企业算是规模较大的，年产量也不到10万吨。但现在，它的年产量已经达到了60万吨，这得益于这家企业对科技创新的重视，光是研发经费，就投入了好几千万元。这个发明的意义更在于中国涤纶工业丝企业有了核心竞争力。我们不再依赖进口设备，市场份额和贸易量与日俱增。而且这项创新成果目前只有我们国家掌握，不仅加快了我们国家涤纶工业丝产业的发展，也彻底地改变了全球涤纶工业丝产业的格局。光是'古纤道'这一家企业的涤纶工业丝生产量就占到了全球产量的15%以上。"

听着听着，我的眼睛亮了起来，再看陈文兴时，他的眼睛也是透亮的，眉宇愉快地舒展开来。

"这是我和家乡的一家企业——浙江古纤道股份有限公司进行的产学研合作成果。目前，这家企业已经一跃成为全球最大的涤纶工业丝生产商之一。"

"接下来你们团队还有什么打算？"

陈文兴深邃的眼神带了一点点神秘感，他说道："我们已经在进行该技术的第二代研发，也会继续与企业进行产学研合作。我们是研究工程技术的，产学研合作至关重要。要让实验室中的'瓶瓶罐罐'经得起检验，发挥作用，就要把它们放到真正的工程中去，将论文写到车间里，把成果体现在产品中。这项课题的研究就是靠一趟趟地往绍兴跑，一天到晚地待在车间里，与工程师、技术人员反复地讨论试验，才成功的。之前，我还没有当校领导，可自由支配的时间较多，只要不上课，我就去'古纤道'。从学校出发到那里，不到1个小时的车程，记不清跑了多少趟。2017年，这项成果'管外降膜式液相增黏反应器创制及熔体直纺涤纶工业丝新技术'拿到了国家技术发明奖二等奖。"

心存家国，立身立德

"我作为浙江理工大学校长，提出了'三创'人才的培养目标和定位。我们要培养德智体美劳全面发展、基础宽厚、专业扎实、能力突出，具有爱国情怀、社会责任和国际视野的高素质创新、创意、创业人才。搞科研时，我们必须有丰富的知识，因为遇到的问题有可能是材料的问题，也有可能是机械的问题，还有可能是工艺的问题，只有把这些问题都解决才算是解决问题，所以我们要有综合的知识体系。"

"那么'能力突出'指的是什么？"

"我这里想特别强调的是创新能力，这是建设创新型国家的必然要求。对于研究生的培养，我们更要探索新的人才培养模式，真刀真枪地解决生产实际问题。我们创造了'企业出题、政府助题、学生答题'的专业学位研究生人才培养模式，促成了一项又一项产学研成果，这样培养出来的人才特别受企业欢迎。"陈文兴谈起人才培养又是滔滔不绝，"传授知识和培养能力十分重要，但比此更重要的是塑造人格。我们说，有德有才是优等品，有德无才是次品，无德无才是废品，无德有才是危险品。可见，立德树人是何等重要。当代的大学生，必须有家国情怀，必须有社会责任感。所以我前面说人生不是规划出来的，关键是你要走好每一步。"从言语之中，我能体察到陈文兴从自己的成长经历中得到的体会。

　　不知不觉已过去了 3 个小时。我与陈文兴告别，望着他，觉得他沉稳干练，儒雅温和，有让人舒心的笑容，好像永远都站在阳光下。

专访于 2020 年 1 月

"岑"不可待巧设法，半生甲子燃光明

——专访工程热物理专家岑可法

人物名片：岑可法，广东南海人。浙江大学教授，中国工程院院士。在化石燃料的能源高效清洁利用、煤分级利用多联产、低品位能源的资源化能源化利用、制氢技术、能源利用过程中多种污染物协同脱除技术、工程气固多相反应流计算与激光诊断技术等领域均有开拓性成就。提出独特的"导师群体"人才培养新模式。获得国家级科技成果奖13项、国家级教学成果奖3项、中国研究生教育成果奖一等奖1项。

我从嘉兴匆匆赶到浙江大学玉泉校区，来到浙江大学热能工程研究所能源清洁利用国家重点实验室。现在已经华灯初上，我仰头看着这块不大的实验室牌子，心中升起一股敬意。

走进研究所，我才知道这座实验室是紧密结合国家能源发展战略与学科前沿，是高层次人才培养基地、能源技术创新源头和国内外学术交流中心，是国家"一流学科"建设单位。我怀着激动的心情走上楼梯，楼梯墙壁上陈列着在读和已毕业的硕士、博士的相片及他们获得的奖牌和荣誉，这些成就都和我今天要拜访的院士有关。这位院士是怎样的一位耄耋老人呢？精神状态如何？我坐在会议室里满心期待。这时一位个

岑可法与作者的合影

子不高，头戴格子鸭舌帽的老人身子轻巧地一探，我忙起身说道："您就是岑可法院士吧？""是啊，我是，你来啦？"岑可法院士声音清亮，"那到我办公室去吧。"说完，他一拐弯向前走去，我连忙快步跟上去。"不好意思，我的办公室比较简陋。"我心想岑老身体轻健且好绅士。此时心里坦然了不少。

洛阳亲友如相问，一片冰心在玉壶

"岑院士，我想和您聊聊'过去''现在''未来'。我很好奇您是怎么样走上这条路的，我们需要像您这样的科学家来引领这个时代的年轻人。"我一脸诚挚地望着岑院士。岑院士坐在沙发上微笑着对我点了点头。"小沈，今天你的'关键词'问法倒是让我很感兴趣，可以让我回忆我的人生时间轴线。"此时岑院士眼神悠远，双手交错握着，说道，"我的父亲早年留学法国，在法国拿了2个学位，博士毕业回国当了大学教授，他经常说：'国外再好，也是人家的；中国再穷，也是祖国的。'我还开玩笑地对父亲说：'要是你不回中国，我和妈妈还不存在呢。'我是1935年出生的，当时已经是抗日战争时期了，在一年级的时候，我跟随父亲在澳门读书，之后去了广州，后来侵华日军要进攻广州了，我就跟着父亲和一批大学生边逃难边读书。我们在农村自食其力，我常常听他们聊国家的事，小学的知识基本没有系统地学习过，大学生由父亲教，我的知识由大学生教，我不光学到了课本知识，也学到不少课外知识。

"有时候还是挺危险的，我记得有一次日本兵在后面开枪，我们在前面逃。6年的小学生活，其中有5年多在路上，这也让我拥有了2

种美好的品质。第一个是爱国。我父亲爱国，他宁愿带着大学生跑路也不愿留下来给日本人做事。那批跟着跑的大学生也很爱国，他们宁愿讨饭吃也不愿意为日本人做什么。我们在广东肇庆时等到了日本投降的消息。那时我虽然不太理解什么是爱国，但是已经种下了爱国的种子。第二个是集体主义。我们是一个团队在行走。有困难，父亲、老师和学生一起克服；有危险，大家一起面对。所以，那时候我就感受到了集体和团队的无穷力量，认识到只有一个团结合作的集体才能克服困难。这5年多，我一直在路上跑，身体非常结实，现在80多岁了，还能坚持每天上班。"听到这里，我的泪水在眼眶里打转，一方面为岑老童年的经历而感到敬佩，一方面为岑老的乐观而感动。岑老饱经风霜的脸上刻有多道岁月留下的痕迹，那双温和的眼睛总是闪烁着坚强的光芒。

"初中读书的3年有一些'教训'。"我眼睛瞪大问道："什么'教训'？"岑老居然调皮地笑着说："没什么，就是男孩子太皮，做了几件'坏事情'。第一件'坏事情'是我学会了打麻将、桥牌。那时候，虽然日本已经投降，但是学校没有文艺活动、体育活动，我们觉得没事干就学会了消遣，但是我们从没赌博，后来想想关键还是在于一个人的品质，品质好就不怕坏的环境。例如无论打麻将还是打桥牌，我都要赢，好胜心很强，但坚决不搞小动作，光明磊落地赢。'言必行，行必果'这种品质，我当时不理解，后来是在打桥牌的时候培养出来的。第二件'坏事情'是在珠江偷偷学游泳。我们几个小朋友偷偷摸摸地去珠江学游泳，敢于冒险又会规避危险，而且懂得坚持，最后居然学会了，还学会了4种姿势。第三件'坏事情'是逃票看电影。那时候大人可以免费带孩子进电影院看电影，我们经常跟在不认识的大人后面进电影院。做这些'坏事情'，我觉得对活跃思维还是有帮助的，所以我坚持认为不要死读书，读死书，要学会在玩中训练思维，但是品质不能坏。" 岑老眼里似乎有一丝光彩闪过，似乎回到了自己纯真无邪的学生时代。

"高二时，班主任让我出墙报，每周一期，每期出一个问题，让同学思考后回答，就像是《十万个为什么》，当时还没有这样的书。因为从小有好胜心，所以我每天都在想下一期墙报出什么问题，大家喜欢看，我也觉得很自豪。"此时岑老得意地笑着，露出了两个酒窝，我觉得岑老煞是可爱。

"岑老，您还记得当时让老师为难的题目吗？"

"记得有一次，我问一位文科的老师：毛笔为什么在有水的碟子里一摁下去就散开，一提起就收拢？他是文科生，不懂得力学原理，就放弃了，后来我把相关的力学知识写在墙报上。其实，我的好胜心影响着我做很多事。当我出墙报时，我就要出最好的，让大家都爱看，这也是对我思维的一种锻炼。我还很贪玩，当时一口气能做十几个引体向上呢。"看着岑老满脸喜色，我说道："哇，岑老，您太厉害了！看不出来！"

天生我材必有用，千金散尽还复来

"后来高考，我考入了武汉大学工学院电机系。院系调整，我被调整到了华中工学院（现华中科技大学）学习。其间，我们还在湖南的大学借读，由华中工学院的老师来上课。平时我只用方言与别人交流，普通话说不好，同学来自五湖四海，交流起来很困难，于是我就把眼镜戴上，开始认真读书。

"在湖南借读的一年我很不习惯，特别是饮食，广东人吃的东西较杂较广，而有些东西湖南人是不吃的，于是他们不吃的都被我吃了。那时在湖南开了眼界，了解到民情。湖南人很泼辣的，吵架吵不过他们。后来我回到武汉读书，到了武汉，又觉得武汉人很厉害，打架打不过他们。我调皮的个性收敛了很多。当时的老师都非常有影响力，也让我收敛了很多，我就这样安下心来好好读书了。"说完，岑老对我笑了笑，我也笑开了。

"武汉像个火炉，很热，我很不习惯，晚上睡不好，学校又在郊区，没地方玩，心也慢慢地静了下来。同时，年纪越来越大，我开始懂得父母的辛苦、社会的辛苦，国家的前途需要我们思考。当时的同学苦出身的比较多，来自农村的比较多，对我也有影响。他们是发奋型、努力型的，我是灵活型、开放型的。读书的方法在不停地改变，比如有些问题想不清楚，我就采取跟人家不同的方法。"

"什么方法？"

"如果有一个问题老师没说清楚，我就找各国的有关这个问题的译本。美国、苏联、中国的各 1 本，看看这 3 本书里是怎么说的。我一般从物理概念出发，把物理概念搞清楚了，之后怎么应变都可以。

"1956 年毕业后我去了浙江大学实习。"

"岑老，我很好奇您怎么会选择浙江大学，而不是留在武汉呢？"

"我的老师与浙江大学的一个教授是同学，老师对我说这里搞研究搞得好。巧合的是华中工学院的老师也是浙江大学毕业的。同年，我经过严格的全国考试选拔后，成为留苏研究生。"

"那时候您的心情是怎么样的？"

"很光荣啊，全国选拔，出国所有费用由国家提供，我很感激。我当时是在北京外国语学院读的俄语。钱伟长当时是清华大学教务长，也是我们这组的指导老师，他让我们一个个地谈谈去苏联学习的想法。很多同学说的是研究飞机、火箭、潜艇等一些当时的尖端技术，当我说我想研究'用煤的燃烧发电技术'时，钱伟长老师大吃一惊，问我为什么，我很坦然地说搞尖端技术对国家发展帮助很大，但我自认为民用工业技术同样需要人去做，而且我国用煤燃烧发电的技术比人家落后很多呢。别的同学去学尖端技术，那我就学用煤燃烧发电的技术吧！当时用煤燃烧发电的技术特别是燃烧技术还有很多问题有待解决，要干净、清洁、高效、安全地发电是很难的。我想去攻克这些难题。钱伟长老师很是赞同。钱伟长老师的赞许增强了我的自信。

"1958 年我们从北京出发，7 天 7 夜才到苏联。我所在的动力工程研究所里就我一个中国人。后来想想，培养独立学习和工作的能力是很重要的。当时周总理还特地到苏联看望我们，我们珍惜这来之不易的留学机会。我的老师全心全意地教我很多知识，没有故意留一手，这是最无私、最伟大的。第一学期，我有一门课只考了 59 分，我请求老师给我及格，可是老师非常严厉，说是要让我知道学习的严谨。严师出高徒，我认真地补考了一次才变为优秀。在这里，我领会到一定要有比较、有分析、有创新才能够把所有学科学好。我在实验室一待就很久，有时候实验甚至要做到凌晨，而且实验室离宿舍很远，求学的日子非常苦，但是好胜心让我终于把著名的莫斯科国立鲍曼技术大学的副博士学位拿到了。1962 年 8 月我毕业回国。我的导师在我回来的第二天就意外脑中风过世了。我一直很感激他对我的无私教导。"此时岑老的眼睛黯然了，我也沉默了一会儿。

同舟共济扬帆起，乘风破浪万里航

　　"1962 年，我们一批留学归来的人集中在清华大学，学校特地杀了一头猪给我们吃，这说明当时国家对我们学成归来的学子是多么重视，而且国家当时正处于困难时期，却从来没有降低我们留学人员的生活待遇，让我们继续学习。我回国后就用自己的钱买了四五百本书。当时北京冶金研究所（现北京首钢冶金研究院）让我去工作，我想还是在大学里当教师比较好，于是选择了浙江大学。到了浙江大学，学校问我是想当助手还是独当一面，我提出来当助手，一当就是 21 年。"

　　我惊讶地瞪大了眼睛："21 年？"

　　"为什么呢？要组一个团队不容易啊。"讲了许久，我发现岑老依然挺直身子坐着，两只手交叉放在膝盖上，保持着一种特有的学者风度。

　　"有一件让我很感动的事情，1982 年学校评教授，系里有比我年纪大的副教授，按资排辈应该轮不到我，所以我也没想着要评。有一天晚上 10 点，我们的书记打电话跟我说推荐我当教授，让我马上把材料写好交上去，明天不交材料就超过申报时间了。我听了很感动。当夜把所有材料写好交给了书记，后来学校的评审专家全票通过了。这件事给了我一个很大的启发，一是领导能不能挑担子的问题，二是提拔年轻人是我们的职责。我心想，早点提拔年轻同志，这样才能培养团队，并且带研究生，实行导师群体制，咱们的学生优秀不就代表着全民族的优秀吗？我认为到现在为止，这都是一个很好的方法，老中青三代带一个研究生。几年成果证明，我们以团队的方式培养人是有成效的。

　　"我有信心，并且决心要把研究所搞好。其实我们这个团队从1980 年开始就日夜研究如何解决洗煤环节的污染问题，试验了种种对策，终于发明了'异重流化床'技术，煤泥变成原料，能够发电，发电效率比烧煤还高，本来要花钱去处理的，现在不但不花钱，还变成了新原料。现在全国都在用这项技术。这项技术不但大大地提高了煤炭燃烧效率，也大大地减少了污染，还给工厂带来了财富。1997年，'煤水混合物异重床结团燃烧技术'获得了国家技术发明奖二等奖。"

在后来的研究中，岑老又联想到了污泥和生活垃圾的处理，带着学生研发了生活垃圾循环流化床清洁焚烧发电集成技术。2006年，这个项目获得国家科学技术进步奖二等奖，这也是生活垃圾焚烧发电技术的首个国家奖项。这项技术被誉为当今世界五大主流焚烧技术之一。

我向岑老竖了竖大拇指，岑老笑了，露出了可爱的酒窝。"这几年我一直在研究雾霾。由我们团队里高翔教授领衔完成的'燃煤机组超低排放关键技术研发及应用'项目，大大减少了煤炭燃烧时产生的氮氧化物的排放量。这个项目荣获2017年度国家技术发明奖一等奖，这也是浙江省荣获的第一个国家技术发明奖一等奖。"岑老的皱纹就像是岁月的长河，他曾经见证了多少光辉岁月，经历了几多似水年华……

据了解，在75岁那年，为鼓励学生进步，岑老拿出350万元个人积蓄，建立"岑可法奖学金"。这是浙江大学历史上教职工捐款数额最大的一笔。提到这儿，岑老不好意思起来："这不值得一提，我只是想给学生提供一个更好的成长平台，为国家培养出更多的拔尖人才。"

夜已深，岑老的眼睛里仍然闪耀着智慧的光芒，既敏锐，又细致，让人几乎忘却他已经是耄耋之年。在汪秘书的提醒下，我依依不舍地和岑老告别。岑老在我的笔记本上欣然留下一行字，"只有那些不怕艰苦，敢于攀登的人，才能达到科学的高峰"。下楼再细看墙壁上展示的照片，我震惊地发现，以岑老为首的导师团队先后培养了硕士研究生约1169

名、博士研究生约 560 名。墙上挂满了各种荣誉证书与奖项。看着岑老的车远去，我心想，虽然岑老年过八旬，但在他那强健的体内，蕴藏着用不完的劲儿。他生命不息，奋斗不止!

专访于 2020 年 2 月

君乘理想之马，挥鞭从此启程

——专访肝移植专家郑树森

人物名片：郑树森，浙江龙游人。肝胆胰外科、肝移植专家，中国工程院院士，法国国家医学科学院外籍院士，浙江大学外科学教授，卫生部多器官联合移植研究重点实验室主任。作为首席科学家主持我国器官移植领域 2 个"973"计划项目。荣获国家科技进步奖一等奖 1 项、二等奖 2 项。在 SCI 期刊上发表论文 200 余篇。

贯古今，串未来，莹莹光无尽

江南即将入梅，天气闷闷的，一天的午后，我在树兰医院见到了郑树森院士。由于来的路上出了点小意外，我的心里总有点介怀，院士看到我的不安，一边帮我泡茶，一边反复劝慰。院士的慈眉善目让我的心定了下来。

时间拉回到 60 多年前。1950 年，郑树森出生在只有二三十户人家的自然村——西山岗村。上学时，他每次都要经过一个小药铺。药铺里的郎中留着半尺长的胡子，穿着淡青色长衫，一手帮病人搭脉，一手用毛笔写药方，而且字是竖着从右写到左的。有时路过，郑树森看见医生用刀快速地切中药片，并把药片晒在门口，药的味道好闻极了。哪家有人生病发烧，吃了中药片，身体就会慢慢地好起来，郑树森对郎中特别崇拜。"那时我就想，我要好好读书，将来也做一位像他这样的医生。"郑院士记得童年时家里很穷，根本买不起肉，更别想买玩具了，所以他童年的玩具都来自大自然，他喜欢捣鼓泥巴树枝什么的，做成精美的玩具，这可能为院士日后拥有一双外科的巧手打下了基础吧。

路上春色正好，今日天空正晴

转眼到了 1973 年夏天，郑树森从浙江医科大学临床医学系毕业，进入了浙江医科大学附属第一医院普外科，得到了老一辈外科专家手把手的指导。老师和病人都评价他为人朴实，做事踏实，特别能吃苦。他和同事们埋头苦干，常常通宵达旦地做手术。那时候郑树森就在想，希望有一天能够把肝胆胰癌症难题攻克，并且能够成立专业外科。1983 年的夏天，郑树森考取了本院外科黄德赊教授的研究生，1986 年毕业，同年考取了华西医科大学肝胆胰外科吴和光教授的博士生。"在华西医科大学的 3 年是我人生的转折点。学习和生活条件艰苦，从杭州乘火车到成都需要大约 48 小时，路上饿了就吃泡面加面包，有时还没有座位，到站时双腿都是肿的。人很累，当时也会想，这样累是为了什么，研究生学历已经很好了，还要吃这些苦头干什么？"但是郑树森一想到自己是浙江医生中为数不多的在读博士研究生，自豪感、兴奋感和幸福感油然而生。当时他的梦想是为老百姓解决肝胆胰领域的疑难杂症，成为一个有用之材。

郑树森读博时的导师吴和光是 1936 年的留美博士。那 3 年，导师不仅要求郑树森研究医学理论，而且要求他一定要集中精力学好怎么开刀，成为名副其实的"住院医师"，教导他做人、做事一定要认真、踏实、诚恳。导师要求郑树森用英文记录每一例手术的过程，并且帮他一字一句修改，要求他科研、临床都要做到极致。导师常常说不会开刀的博士没有用，更没人要。在这样的严格要求下，郑树森养成了许多好习惯，一直坚持至今。每天晚饭后，他习惯到病房查看病人的病情变化，对于每个病人、每台手术，他都要求自己做到了如指掌、胸有成竹。一日为师，终身为父。导师吴和光是郑树森人生中的贵人，给了他很多医学上的启发，更是他在肝移植领域取得杰出成绩的启蒙老师。毕业后，郑树森每次到成都都要去看望导师和师母。

1989 年，他提前完成博士生毕业答辩，回到浙江医科大学附属第一医院，他带领普外科的医生团队探究生命的奥秘，使肝胆胰外科进入发展的快车道。

仁义礼信圣人行，无仕杏坛称国手

激情造就梦想，郑树森认为，领先源自梦想，梦想催生激情，激情创造未来。20 世纪七八十年代，肝癌病死率很高，郑树森意识到必须有创新的技术，常规技术肯定不行。衡量一个地区的医疗水平，关键要看该地区的医院是否能做大器官移植手术。肝移植手术起源于美国，1963 年，美国施行了人类第 1 例肝脏移植手术。1990 年 9 月，郑树森作为访问学者到香港大学玛丽医院从事博士后研究，专攻肝癌治疗及肝移植技术。他在 50 公斤左右（接近人的体重）的猪身上做了大量的动物肝脏移植实验，虽然苦但是内心很充实，关键是学到了技术，学到了本事。1991 年 10 月，作为第一助手，他参加了香港首例肝移植手术，并获得了成功。

香港极力地想留下郑树森，并承诺给他一个讲师的职位，月薪也很高，但他不假思索地说："我的房子是浙江医科大学附属第一医院分配的，只要拿工资吃饭就可以了，不管怎样，我肯定要回去的。"

1993 年春天，郑树森学成归来，组建了浙江医科大学附属第一医院的肝脏移植团队，4 月 13 日，他成功开展了浙江省首例肝脏移植手术。接着他带领移植团队又在国内率先开展了难度更高的多器官联合移植并取得成功。"所以，我们其实是名副其实的创新团队，是在几十年的研究过程中自然形成的。"郑树森自豪地说道。

郑树森在担任浙江医科大学附属第一医院的院长期间，器官移植上升为医院学科发展的核心战略，浙大一院也由此开启了之后 20 多年的黄金时期。如果把我国肝移植近 30 多年的发展史比作一片杏林的话，郑树森就是其中一株挺拔而又耀眼的杏树。2001 年，郑树森当选为中国工程院院士。作为首席科学家，他主持了我国器官移植领域仅有的 2 个国家重点基础研究发展计划（"973"计划）项目，几年内，浙江医科大学附属第一医院已发展成为国内规模最大的器官移植中心之一。他带领的移植团队已成功开展 2800 余例肝移植手术，其中活体肝脏移植 182 例，良性肝病肝移植 5 年生存率达 80 % 以上，达到了国际先进水平。肝癌患者肝移植术后 5 年生存率达到 72.5%。在每年举行的肝友会上，郑树森总要为肝友们过特殊的生日。肝友们一年中过 2 个生日，一个生日是妈妈给的，一个生日是郑院士团队给的。

这支团队在 2006 年创新性地提出了具有重大国际影响和国情特色的肝癌肝移植受体选择标准——杭州标准，备受国际医学界瞩目。排名

郑树森与作者的合影

全美前列的大型综合性医学研究中心——美国 UCLA 和克利夫兰医学中心的肝移植团队高度肯定了"杭州标准"。2016 年 1 月 8 日上午，郑树森院士代表浙江大学附属第一医院团队的全体成员，从中共中央政治局常委、中央书记处书记刘云山手中接过 2015 年度国家科技进步奖（创新团队）一等奖证书，这次全国只有 3 个团队获此殊荣，医学界就郑树森团队一个。更令人兴奋的是，2018 年初，由中国工程院院士李兰娟领衔，郑树森为核心团队成员的"以防控人感染 H7N9 禽流感为代表的新发传染病防治体系重大创新和技术突破"项目荣获了 2017 年度国家科技进步奖特等奖，这是全国卫生计生系统和教育系统首次获此殊荣。习近平总书记在视察海南博鳌超级医院时对周围的领导和院士说"浙江的肝移植和人工肝技术是全国最好的"。

悬壶济世医苍生，妙手回春解疾疼

2010 年 12 月，郑树森受邀，带领着 20 余人的团队前往印度尼西亚大学医学院附属医院开展活体肝移植手术，使 4 位危重的终末期肝病患者重获新生。郑树森说，当时是中国活体肝移植技术首次走出国门，"我们一定要做好"。

"手术成功后，印度尼西亚大学医学院附属医院的院长问我从哪里学来这么好的技术。我回答他是中国人自己的技术！他感慨中国经济发展速度快，医学发展速度也快。"郑树森的脸上又露出了欣慰的笑容。我一边飞快地记录，一边心中充满激动，忍不住竖起大拇指说："郑院士，您为我们国家争光了！"这一开创性的工作被当时的中国驻印度尼西亚大使章启月高度赞誉为"移植外交"的里程碑。

现在，团队每年都会按计划去一次印度尼西亚，还计划前往蒙古等国，以响应国家"一带一路"倡议。"一带一路"沿线国家的基础医疗条件有待改善，郑树森提到，更重要的是"不能做完手术就走"，而要加强对这些国家及地区医护人员的医疗培训，让他们也能掌握先进的肝移植技术。2009年至今，先后有数十位来自印度尼西亚的医护人员在团队里进修学习，他们和团队成员一起为挽救更多患者的生命而奋斗。

此时，郑树森神采奕奕地对我说，他们的团队救治的病人里还有一位泰国皇家医师。2014年4月，62岁的肝癌患者素拉蓬慕名来到杭州，接受活体肝移植手术，郑树森为其主刀。术后2周，素拉蓬肝功能恢复正常，为他捐献肝脏的其侄子的肝脏也在半年内恢复到原来的80%。素拉蓬赞叹中国的肝移植水平。

2012年，郑树森成为美国加州大学洛杉矶分校（UCLA）荣誉教授，这是该校医学领域首位来自中国的荣誉外科教授。2017年，郑树森当选为法国国家医学科学院外籍院士。郑树森还述说了当时的情景，由于听不懂法语，他就拼命竖起耳朵听，听到"郑树森"的名字时，便兴奋地上台接受颁奖。院士露出了率真的笑容，我再次竖起大拇指对院士说："为中国长脸了！"于他而言，荣誉不仅是对自己和团队过去工作的肯定，更是一种责任。说起这些，他一直面带微笑，说话激动。常人很难想象，这位从医40余年的专家，现在还经常连续做几台肝脏移植和肝胆外科高难度手术。2017年，郑树森共做了217例肝移植手术，这些患者有近50%是肝癌患者。"过去我们是学生，现在大家平起平坐，这也说明我们医学的进步。"从"跟跑者"到"并跑者"再到"领跑者"，郑树森等医护工作者用"中国智慧"解决了"世界难题"，郑树森院士对我说："我还是保持那份初心，就是想让肝移植技术走向全国，走向世界。"

一路攻坚好医术，杏林圣手谱华章

1963 年，全世界首例肝移植手术做了近百小时，现在我们进行肝移植手术只需要大约 3 小时，并且存活率达到了国际先进水平，现在我国肝移植手术水平排在世界第二位，这也体现了中国速度。我们从站起来到富起来，再到现在的强起来，国家发生了天翻地覆的变化，"中国梦""健康梦"引领我们医疗领域不断向前发展，引领我们走向全世界。郑树森一直认为一个人的力量毕竟有限，要创新必须由一头狮子带领一个狮子型的团队，心无旁骛、不遗余力地朝着目标前进。为了做好"狮群"的表率，"实验、手术、论文、讲课、外语 5 个方面都要会"。垂范在先，郑树森要求年轻人也都能够做到这些。严师出高徒，在这样看似苛刻的要求下，他的很多学生在 40 岁之前就已经当上了博士生导师了。也是在这样的精神激励下，浙江大学附属第一医院肝胆胰外科成为全世界最大的肝胆胰外科中心之一。"人就是要有点追求，精神支柱最重要。""不能忘记一路上帮助过我们的贵人！更不能同行相轻，要把最优秀的医生推荐出来，提高中国的医疗水平。"郑树森在 2001 年评上院士后，2003 年，他推荐了他在香港的导师范上达评院士。在台湾的医学专家陈肇隆评院士时，郑树森亲自联系时任中国工程院院长徐匡迪进行推荐，陈医生也亲自写了一封对组织表态的信件，信中说道："只承认一个中国，我也一直热爱祖国，因为我是中国人。""在关键时候，我们作为推荐人和同行，能够拉一把就拉一把。要在国际上有影响力，不能靠一个人，而是要百花齐放、百家争鸣，要靠团队的力量。"

今天，回望肝移植技术过去几十年的发展历程，最大的价值在于不断传承与创新。对以郑树森为代表的医疗团队来说，他们的奋斗历程不仅写满中国故事，更如同一座大山，埋藏着无尽的宝藏，带着光荣与梦想，前赴后继、薪火相传。

专访于 2018 年 5 月

一蓑烟雨学致用，半生践行"三农"梦

——专访植物病理学专家陈剑平

人物名片：陈剑平，浙江宁波人。植物病理学专家，中国工程院院士。现任宁波大学植物病毒学研究所所长，农业农村部和浙江省植保生物技术重点实验室主任。陈剑平院士及其团队一直从事植物病毒基础理论和防控技术研究。发表论文 360 多篇，其中 SCI 收录 180 余篇。获得国家科技进步奖一等奖 1 项、二等奖 4 项（均为第一完成人），省部级科技进步奖一等奖 8 项、二等奖 5 项。

来到陈剑平院士的家门口，我看着并排的两扇门，不知应该敲哪扇，于是打了电话。"来了！"一个洪亮且浑厚的声音从里面传来，一个高大的身影迎我进了门，"我们到楼上去聊吧。"我一愣，心想着被邀请进入一个家的私人区域，除了忐忑，我还有一种被信任的喜悦。

居庙堂之高则忧其民，处江湖之远则忧其君

入座后，陈剑平院士见我比较拘谨，便说道："早几天知道你要来，

我心里有些忐忑，比我优秀的有贡献的可是大有人在。"见我笑了起来，
陈剑平也笑了。说实在的，我曾对农业有过不精确的诠释，好似农业仅
仅是种田、养猪。改革开放 40 多年，工业化、城市化进程很快，相比之下，
"三农"工作仍然是短板，虽然城镇化发展是必然趋势，但农民进城变
成农民工，农村逐渐空心化，有些村庄甚至消亡，农业变成只是提供粮
食和农副产品的产业了。我看到陈剑平有一种淡淡的失落感。

他挑着浓眉说："农民仍然是'弱势群体'，需要更多的关心和帮
助。我去年辞去浙江省农科院的领导职务，就是想把更多的精力放到乡
村振兴上来，多为国家、农民做点事。"

为何做出这种转变？陈剑平讲了一个故事。2012 年，他在浙江淳
安参加一项扶贫活动。其间来到一户农家，看到爷爷、奶奶和孙女 3 个

陈剑平与作者的合影

人，这个小女孩与他的女儿一般大。陈剑平工作很忙，平时对女儿照顾很少，心存愧疚，自然地与这个小女孩攀谈起来："小朋友，你最向往的是什么？"

"我最向往的是山核桃成熟。"

"你喜欢吃山核桃？"

"我才不要吃呢！因为山核桃成熟，爸爸妈妈就可以回家了。"说完，小女孩的眼泪流了出来。

"当时，全国约 3.7 亿农民背井离乡在外打工，有 6000 万留守儿童被迫和父母分离，盼望着爸爸妈妈回家。作为一名农业科技工作者，我究竟能做点什么？能够帮助这些思念父母的孩子吗？如果不能帮助他们，我心里觉得不安。"讲到这里，我发现陈剑平的眼眶有点湿润，我停下手中转动着的笔，气氛变得凝重起来。

"面对留守孩子，面对外出的农民工，我们农业科技工作者是否应该学以致用，把个人研究兴趣与国家需求、农民利益结合起来，这应该是当下我们农业科技工作者的使命。"陈剑平笃定地对我说着这番话。我也重重地点了点头，仿佛看到了远处射来的一束光芒。

梅子金黄杏子肥，麦花雪白菜花稀

也正因为如此，陈剑平 30 多年来沉浸于微观世界，在植物病毒种类鉴定、传播特性等方面做了大量原创性的研究工作，成为我国植物保护学科领军人物之一。然而在 6 年前，专注于植物病毒研究的陈剑平开始跨学科、跨界，尝试进行宏观农业发展战略研究。他一边把新鲜的杨梅递给我，一边对我说他提出"农业综合体：区域现代农业发展的新载体"的战略思想，还得感谢他的女儿。陈剑平一直很少有时间陪伴女儿。
2012 年，女儿想到杭州万象城溜冰。陈剑平很纳闷，商场怎么会有溜
冰场呢？那天，陈剑平陪女儿去了万象城，坐在溜冰场旁边，看着女儿
溜冰的情形，从"城市商业综合体"得到启发，突然觉得自己正在研究
的现代农业发展新模式有了名称，就叫"现代农业综合体"。为了纪念
这个特殊的时刻，至今陈剑平一直用女儿当时在万象城溜冰的照片作为
微信头像。陈剑平还特地给我看了手机。这个微信头像让我非常感动，
一是因为百忙之中记录孩子成长时刻的父亲，二是因为记录这个情形给
陈剑平带来的研究灵感，这个头像具有双重意义。

陪女儿溜冰回来后不久，陈剑平在 2012 年 11 月 3 日的《农民日报》
理论版头条发表了《农业综合体：区域现代农业发展的新载体》一文，
首次正式提出"农业综合体"概念，用系统的思维提供 "三农"问题
的综合解决方案。陈剑平兴奋地对我说，用一个公式表示，"农业综合
体"可以简化为"农业科技＋农业生产＋农业旅游＋农业文化"。其中
要充分体现的是，科技与经济的紧密结合，实现科技效益的倍增。陈剑
平眼睛里闪烁着充满希望的光，一束光的力量或许并不强烈，但是，光
明与温暖赋予它更为深厚的内涵，它闪烁着能为留守儿童做些什么的理
想之光，光照射的范围渐渐扩大，静静地投在全省、全国的大地上。

"我给你看 2 本书。"话音未落，陈剑平已经站起身来去了书房。
我侧身正巧看到书橱里摆满了荣誉证书和奖杯，目不转睛地一一细看。
"这些荣誉已经是过去时了。"一个淡然的声音响起，"从 2012 年起，
我们一直开展农业综合体研究， 2017 年 10 月，初步研究的成果《现代
农业综合体：区域现代农业发展的新平台》出版，厚的这一本是详细的
研究报告，薄的这一书是简编本，便于大家阅读。"

陈剑平清晰地为我描绘了未来"三农"发展的美好前景。他对我说，未来30年，中国5000多年文明史将迎来最重要的历史时期，农业将进入融生态与科技、自然与工业化、生产与养生于一体的"多重功能拓展、多元产业融合"的后现代化时代。"此心安处是吾乡"，这是一个可以融入归属的地方，是一个可以随时捡起乡愁的地方，是一个可以重塑自我的地方，是一个可以叶落归根的地方，是一个可以世世代代生活的地方。

在不知不觉中，我的思绪也随着陈剑平的描述飞到了美丽的田园里：一片金黄的稻田，村舍、炊烟相映成趣，高树、低柳俯仰生姿。每个田间劳动者是喜悦的，都充满了生命的光芒与活力。陈剑平院士说："发展中国家和地区的标志，是大量人口从农村流向城市；发达国家和地区的标志，则是城市人回归农村。"英国知名记者杰瑞米·帕克斯曼说："真正的英国人是乡下人。在英国人的脑海里，英国的灵魂在乡村。英国人坚持认为他们不属于实际居住的城市，而属于相对远离自己的乡村。"

三十功名尘与土，八千里路云和月

听到"英国"2字，我问陈剑平，20多年前的中国无论哪个方面都不及先进的英国，当时缘何选择回国，与农业相许终身？陈剑平浓眉一展，没有一丝遗憾之感，且有些得意的神色，说道："因为从英国回来，单位给了我特殊的待遇——订了一份《科技日报》。"成名后的陈剑平，受到不少国家的邀请，但他还是坚持回国。"一个普通家庭出身的人，没有天赋和背景，国家这么器重我，我是一定要回来的。"陈剑平说。

那时国内科研院所经费严重不足。时任浙江省农业科学院院长陈传群经常跟陈剑平联系，因国际长途话费太贵，陈剑平总是自己掏钱给陈院长打电话。当时的浙江省委主要领导说应该请陈剑平回浙江工作，如果陈剑平没回来，说明他们的工作没有做好。陈剑平听到了祖国的召唤。回国时，他的英国导师担心以中国当时的科研条件，这位前途无量的年轻博士将就此结束科研生涯。"科学没有国界，但科学家有祖国。而且当时国外对中国的宣传都以负面为主，我心里很不是滋味。"强烈的爱国情让陈剑平加快了回国的步伐。

1995 年冬，陈剑平义无反顾地回到了浙江省农业科学院。当时国内每月工资不到 1000 元，但在陈剑平看来，这比英镑更有价值。没有经费建实验室，陈剑平就跑到相关部门申请课题，最后得到了 10 万元的科研经费。他拿着这笔钱开始了在国内的科研。"当时国内经济条件虽然不好，但是我心情很好，能感觉到党和国家对科研工作者的关心和尊重。"陈剑平说。就这样，陈剑平回国 20 多年，培养了 60 余名博士、硕士，他组建的国家重点研究领域创新团队以世界一流的创新成果，站在了植物病毒研究领域的制高点。他们揭示了 5 种重要稻麦病毒的发生规律和发病机理，建立的病害绿色生态防控技术在全国大面积推广应用，取得了上百亿元的经济效益，对我国粮食安全做出了重要贡献，推动了我国植物病毒学研究的发展。

谁言寸草游子心，饮水思源谈笑欢

"一个人要不断地回忆自己是如何走过来的，才能真心地去回报。"陈剑平对我说，"我在农村长大，读的是农业大学，学的是农业相关专业，30 多年来干的又是农业科研和农业科研管理，并且当选的也是中国工程院农业学部院士，一辈子姓农，所以，我把'三农'工作做好了，才是对一路上帮助我的高人和贵人最好的回报。"其实陈剑平一直不忘的是一路上曾经帮助过他的人。说到这句时，陈剑平是一脸的暖意和感恩。陈剑平从农业大学毕业时，他的恩师唐觉教授送了他 4 个字——"学以致用"，希望他帮助需要帮助的人。他遵循此志，选择去当时工作、生活条件比较艰苦的浙江省农业科学院工作。为了做好一项关于植物病毒研究的重点课题，他恳请大学时的外教老师从英国剑桥大学书店买来一本《应用植物病毒学》，他白天上班，晚上研读。陈剑平很快地掌握了植物病毒学的理论知识和实验技能，他在科研上取得的进展，引起英国洛桑实验站植物病毒学教授亚当斯博士的关注。

在亚当斯教授的力邀下，陈剑平于 1989 年获得了去英国访学的机会。当时访学的时间是 1 年，陈剑平只用 3 个月就完成了全部科研任务。他对亚当斯教授说："我想做植物病毒与禾谷多黏菌的关系研究。"陈剑平想做的研究，从 1958 年到 1989 年的 30 多年间，都没有人能够做成，就连亚当斯教授本人也做了 17 年研究。"看我坚持要做，导师就把他所有的研究材料、实验笔记给了我，还给了我 6 把制备超薄切片用的金刚钻刀，引导我一关一关地闯。"真菌孢子直径只有 5 微米，要在真菌孢子中找到病毒，就必须把真菌孢子切成厚度只有 50 纳米的超薄切片在电镜下观察。

为了证实病毒的存在，在此后的 9 个月里，陈剑平没日没夜地切片。"等到取得成果并发表论文时，我的导师坚持把我的名字排在最前面，把自己排在最后面。"陈剑平至今心怀感恩。导师对他的影响至深，导师做研究时的严谨求实、精益求精，待人时的谦和有礼，带学生时的宽容信任、无私奉献，对家人的包容尊重，他一直深深地记在心里。为了将陈剑平推到国际研究的舞台上，导师还悄悄地给他创造了到德国参加国际学术会议的机会，还和夫人商量掏钱给陈剑平买了往返的国际机票。想别人所想，是一种骨子里的教养。

陈剑平说，人一定要有信仰，而且还要积极作为，努力在言行中形成一种良好的科学文化习惯。

投我以桃，报之以李

1963 年 4 月，陈剑平出生于宁波鄞州的一个普通工人家庭，18 岁高中毕业离开家乡到杭州上大学，之后在杭州工作，再去英国留学，又回到杭州工作，他的心里一直藏着乡情、乡思和乡愁。2017 年 12 月，陈剑平终于回到了家乡——宁波。陈剑平对我说，他一生共有 2 次入职。第一次是 1985 年夏天，大学毕业到浙江省农业科学院报到。记得当时穿的是一件绿叶牌蓝色衬衫，那是他上大学时母亲用 13 元钱买的。第二次入职是 2017 年冬天去宁波大学。入职前一天夜里，夫人问他明天穿什么衣服，他说当然穿西装。夫人拿出一套陈剑平当选院士时买的西装。平常他舍不得穿，西装一直挂在衣柜里。夫人问他穿西装会不会显得单薄。陈剑平对夫人说很温暖，来自心灵的温暖。听到这番话，我的眼睛湿润了，那是浓浓的乡愁抵达心灵的一股暖流。

近年，他的"三农"情怀和发展理念得到了许多有社会责任感的企业家的认同，杭州蓝城集团董事长宋卫平就是同道中人。他们联手进行"农业综合体"的探索实践，蓝城集团计划通过十余年努力建成 100 个理想农镇，以此来影响、推动全国成千上万个农镇的建设。陈剑平心有憧憬，他满怀深情地说："到那时，我国农民的生产、生活、生计都会有很大程度的改观，孩子们就可以在家乡和父母一起快乐生活了。"

专访于 2018 年 6 月

梧叶题志远，镇好有宏材

——专访半导体光电薄膜材料专家叶志镇

　　人物名片：叶志镇，浙江温州人。曾任硅材料国家重点实验室主任，浙江大学材料与化工学院副院长。现任中国电子学会理事、中国电子学会电子材料分会副主任委员、中国能源学会常务理事、浙江省纳米材料协会理事长，《半导体学报》编委。共发表学术论文 600 余篇，SCI 他引 13000 余次；连续 6 年入选 Elsevier "中国高被引学者"。获科技奖 10 余项，其中国家自然科学奖二等奖 1 项、省部级科技进步奖一等奖 4 项。

　　在一个周末的下午，我匆匆赶往余杭。落叶经不住寒霜夜冷，与泥土为伴。大道小径两旁，花草已颓败，发枯的树枝上，已很少见到鸟儿的身影，偶尔见到一两只白鹭掠过。到了小区，叶志镇院士亲自下小楼迎接我们。

投我以木瓜，报之以琼琚

叶志镇身材清瘦，五官轮廓分明，眼角微微扬起，细长的眼睛，淡淡的微笑，透着一股儒雅之风。我握手道贺："叶院士，恭喜您，真的为您高兴。"我们在客厅坐下来，绿茶的清香四溢。我认真倾听着叶志镇的人生过往。

"从我个人来讲，我首先就跳出2个字'感恩'，是因为我出生在温州苍南的一个小山村里。

"实际上，我认为我的家乡还是相对落后的地方。"

我认同地点了点头："以前教育资源、医疗资源等都很紧缺，是吧？"

"我是1955年出生的。"看着叶志镇腰板如此挺直，我不禁插了句话："您看起来真年轻。"

"哪里。读小学五年级的时候，有一次我不小心摔了一跤，小腿骨折，被送到温州市里的医院看腿。那次真是让我大开眼界。原来除了苍南，还有温州，更远的还有杭州。腿骨折的事，我的小学同学都记得，在他们眼里我很不幸，因为受了苦，一段时间生活也变得不方便，但是对我自己来说是一件幸运的事情，因为那时我在心中就种下了一个梦，希望有一天我可以从家乡苍南出发，经过温州再去杭州读大学。"我笑着说："您的梦做得可真早，早就响应习近平总书记提出的'中国梦'了。"叶志镇不好意思地笑了笑，说道："那是巧合。我还很感谢我的一个同学，他当时送了一首诗和《毛泽东选集》第一至四卷给我。"我猛地抬头："您小学同学送的礼物可真有时代感啊。您还记得诗的内容吗？"叶志镇嘴角微微扬起："自然记得，诗是这样写的：'英雄豪杰不在命，命随青史本由人。将相公卿原无种，有志者万事竟成。'诗不一定是他原创的，

叶志镇与作者的合影

但是从诗作中，我看到了自己曾经种下的梦想。我曾在 1969 年的春天做过一个梦，梦见我背着书包去上学，醒来时才知道我还必须下地参加劳动。后来终于在 1970 年去镇上读了中学，又很幸运地碰到一位好老师。他叫姚成真，宁波人，在上海长大，在兰州读的大学，最后来到苍南做中学老师。他看到我是一个非常喜欢读书又非常聪明的学生，就鼓励我继续读高中。我算是幸运的，我得感谢我的父母，让我继续读书。当时的灵溪镇是没有高中的，只有去县城读高中。"

　　我抬头说："当时能够读高中的都是出类拔萃的人。""确实，小沈，你可以去问问和我年龄差不多的家乡人，他们都知道我读书不错，而且非常努力，所以当地很多人把叶志镇这个名字当成一个象征好好学习的符号。"听到这里，我顿生羡慕："叶院士，您太厉害了。"此时，叶志镇自信地笑了："高中毕业以后，我当了 3 年多的中学老师，因为表现比较好，还做了半年镇里的党政干部。后来很幸运的是恢复了高考，所以我说要感谢这个时代，如果没有恢复高考，我根本就不可能有现在的一切。"

　　"据前辈讲，当时好像还有推荐读书的机会，您的成绩这么好，有被推荐的机会吗？"

　　"这个机会我当然有的，有读中专的名额，当时有 3 个人符合条件，但只有 2 个名额，我选择退出，支持另外 2 位同学。"

　　"您不会觉得可惜吗？"

　　"我希望读大学，当时我已经是中学老师了，读个中专回来可能就做小学老师。我非常感激改革开放，这样我才有机会参加后来的高考。1977 年，全区只有我一个考上大学，而且是浙江大学。"我不禁向他竖起了大拇指。"就像你刚才说的，我们家乡毕竟教学资源少。在高中毕业后的几年里，我看了很多书，各种各样的书，我一直都是很努力读书的人。"

"叶院士，您真是印证了'机会永远是留给有准备的人'这句话。"

"也没这么厉害。在这个过程中，很多老师给了我很多的帮助、很多的支持。"

"您在那时候看过哪些书，还记得吗？"

"我觉得看书是一个累积的过程，我当时除了看学科书以外，还看过《共产党宣言》《资本论》《鲁迅全集》等书，还有就是人物传记，从名人的一生中可以汲取很多值得学习的经验。"

"您在高中时读了那么多的书，涉及哲学、经济、文学等，我得向您学习。" 好的书犹如泉流，或长或短，或曲或直，自然各异其旨，有勇气的体现，亦有智慧的表达。

"我在考研究生时，1300 多人中，我的政治经济学考了第一名，我一直非常关心政治和经济。综合成绩总是位居前三。所以，我觉得首先要感恩社会。"我被叶志镇的一脸正气所感染。

人生几短稍即逝，此时不搏待何时

"其次，我想感恩的是我的母校和现在的工作单位，浙江大学。在浙江大学，我读了本科、硕士，还读了博士，1987 年我博士毕业。"

"您是一路读到博士毕业的，那要整整 10 年。"

"对的，10 年，但是其间所学的专业不同，我在本科时读了电机专业，在硕士时读了光仪系光电技术专业，在博士时读了光仪系光学仪器专业。浙江大学是一个很伟大的平台，在浙江大学读书求学的这 10

年对我来讲也是提高自己的 10 年。我在本科时，很多同学的英语不太好，但是我们尽最大努力读书，总体都赶上了并且成绩还是不错的。"此时，叶志镇的眼睛是闪亮的，棱角分明的脸庞，透着坚毅。

"巧合的是，我在人生前 32 年通过不断努力学习拿到了博士学位，后面 32 年在浙江大学工作当选了中国科学院院士。浙江大学给了我人生的机遇。1987 年博士毕业以后，我被安排在材料系硅材料国家重点实验室工作就是一个机遇。工作中我又很幸运，1990 年，学校推荐我去美国麻省理工学院学习。很多人不懂努力的时候，你努力了，就有了机会，就赚大了。"我静静地看着叶志镇，他的经历、他的感受值得我们年轻人去体悟，确实机会总是悄然来临的，而来临的时候你却毫无准备就等于把这个机会抛弃了。

在这样的感恩之心下，叶志镇获得了"包兆龙包玉刚中国留学生奖学金"，得以以访问科学家的身份远赴美国麻省理工学院电机系学习了 2 年。对半导体薄膜，叶志镇有了更加深入的接触。

"在这 10 年的求学路上，您有没有学不下去的时候？"

"曾经也有迷茫的时候，在浙江大学，优秀生比比皆是，我觉得自己很努力，但成绩总不是最理想的。我们的每门学科考试满分是 100 分，有些同学学科平均分是 97、98 分，我很努力，但只有 94、95 分。但总体上，我的成绩也不算差，也在前几名。人生就是坚持，机会毕竟很难得，我有机会去大学读书已算是很幸运的人了。"

"在美国麻省理工学院继续深造学习的时候，您有没有遇到一些学习上的困难？ 那时是 20 世纪 90 年代，我们中国还没有现在这么强大，您到美国有什么感受？"

"中国当时跟美国的差距太大了。在美国，任何领域的科学技术都比我们先进很多，生活水平也比我们高很多。现在我们国家经过改革开放，与当年已经是天壤之别了。我的导师水平非常高！现在他是麻省理工学院的院长，他给了我很大的帮助。我觉得我们有机会一定要出去走走，这对我们相当有帮助，毕竟人生学习的时间有限，我还是很幸运的！当时中国比美国弱是事实，我可以去麻省理工学院学习就是很好的机会，男子汉大丈夫应该尽力学习从而提升国家竞争力，对吧？"

古时有"沙场秋点兵"的豪情、文者政臣的忠诚，今有像叶志镇一般的大胆创新，我觉得叶志镇在他的每一次学习行动中都充满了爱国心，此时他黑曜石一般的眼睛里闪烁着光芒。

"20世纪90年代初，国内掀起了'出国热'，您有没有想过学成之后留在美国？"

"当时出国留学后不回来的人确实很多，我没有想过留在美国，我们努力学习就想报效国家。当时也确实有教授以高薪和良好的科研环境挽留我，我谢绝了。我还把我的研究成果带了回来。这样做才是合理的。"

"您只是觉得合理，可在我看来，您是伟大的。"

"所以当时关于我回国的新闻还在《人民日报》（海外版）上刊登了。"

"真的？报道还在吗？"

"我记得这报道还是时任浙江省委常委、宣传部部长朱国贤写的。"我们不约而同地笑了。

"这真是您和他的意外机缘了。"

"其实，我们应该感恩国家，感恩社会，感恩家乡。我读大学时已是23岁，那时才离开家乡，对家乡的情结很重，我非常感谢家乡对我的培养，我总希望为家乡做点事情，为家乡增光！"叶志镇扬起了嘴角，眼里闪着温和的光芒。心怀感恩，我想这就是他内心深处最质朴的想法吧。

天下兴亡，匹夫有责

"一个人应该为国家做一点事情，这不是大道理，我内心深处一直这样想的。1992 年我回国的时候，学校让我担任实验室的副主任，一直记得时任浙大校长路甬祥对我说的 3 句话——'协助阙院士做好实验室；做科研要和团队同事一起攻关；做科研如果能让全国都知道，全世界都知道，那就有意义了'。所以我们做的工作都是国家目前需要重点发展的科学难题，这也是我选择并坚持氧化锌研究的动力和初衷。我是从事光电薄膜材料研究的，我的工作就是研究新一代光电材料，让材料发光，因为我们的生活离不开光电材料。LED 发光屏、手机薄膜、电视电脑屏幕这类透明导电薄膜都属于光电薄膜。"

叶志镇告诉我，他们的硅材料国家重点实验室成立于 1985 年，原名为高纯硅及硅烷实验室，是国内首批建立的国家重点实验室之一。到1991 年底，因为成果少、人才少，面对第一次国家评估时，实验室收到一张"黄牌警告"。这时，叶志镇一脸沉重："20 世纪 90 年代初，浙江大学的科研条件还不是最好的，一开始课题组的资源并不充足，很多设备需要进口，耗资很大。没有设备就没有基础。面对当时的种种危机，我也没有退缩，想办法，从学校、浙江甚至国家为实验室争取各种资源。我将麻省理工学院的学习经验与浙江大学的实际相结合，主动与中国科学院沈阳科仪中心合作，短短两三年，取得了很好的成效。针对我国纳米薄层晶体材料制备装置落后制约了材料发展的现状，我们发展了低温外延技术，自主研发了具有实时监控功能的超高真空化学气相沉积（CVD）设备，这是我国第一台相关设备。随后，我们团队又研发了新颖高真空金属有机化学气相沉积（MOCVD）设备等，而自主研发的系列高真空 CVD 设备也在全国 60 余家重要科研单位得以推广应用，为我国自主发展氧化锌产业奠定了重要基础。"

我记着记着，兴奋了起来："我们在这个方面至少有发言权了，对吧？"

"刚才说了氧化锌的种种功能，在我刚接触氧化锌的时候，全世界相关科学家都在寻找让它发光的办法，很多科学家甚至说这是不可能完成的任务。现在中国有了发言权，科学技术在不断地推进，全国有几十上百家企业运用这种技术。现在，这种技术成为一个主流方向，我们逐渐研究出各类新的成果，影响了别的国家。国家花钱让我们出去学习，回来为国家做贡献是应该的。"

也正是因为获得了这样卓越的成就，叶志镇被评为国家重点实验室全国先进工作者，被授予"金牛奖"，获得了浙江省首批"中青年学术带头人"、浙江省有突出贡献中青年专家和浙江省特级专家等荣誉称号，并入选教育部"跨世纪优秀人才"和国家"百千万人才工程"培养计划。"我一直很幸运，1994 年在评选教授的时候，校长路甬祥就说了一句话，'业绩突出的情况下 40 岁前评选教授不占名额'，所以我又很幸运地被评上了。"

"那您算是破格提拔的！真是太了不起了。"

也就在 1994 年，实验室正式更名为"硅材料国家重点实验室"。正当实验室的发展风生水起之时，新的波折又落到了叶志镇的头上。1996 年，虽然实验室有了很大的发展，但由于骨干研究人员缺乏、研究领域不宽，在国家对全国材料与工程领域的 29 个优良实验室进行的第二次评估中，实验室排名居然在第 26 位，而排名在其之后的 3 个实验室都被"红牌罚下"了。后来，叶志镇临危受命开始担任硅材料国家重点实验室的主任。在阙端麟院士的支持下，从硅单晶到半导体薄膜，再到复合半导体材料，该实验室的研究领域逐渐得到拓宽；在国际期刊上发表学术论文的数量也从几十篇增加到 600 多篇，文章在国外被引用 1 万多次，加上国内被引用 2 万多次；发明专利从几个增加到几十个。到 2003 年，在第三次评估中，"留用察看"的硅材料国家重点实验室不但没被淘汰，而且在同行排名中前进了多位。到 2008 年评估时，该实验室已拥有 2 项国家自然科学奖二等奖，又向前迈进了一大步。

"我从 1993 年开始带学生，共带了 50 多个博士、100 多个硕士。报考我们材料学的学生都要'挤破头'了。成绩最好的学生才能进我们实验室。从 1999 年 4 校合并起，我就担任浙江大学材料与化工学院副院长。2009 年，我担任浙江大学材料科学与工程学系主任。我一直觉得团队很重要，获得这些成果离不开团队。我一直说我们要感恩这个时代，感恩浙江大学，感恩我们的团队。"此时我心里充满激动。

叶志镇带着淡淡的微笑继续对我说："在氧化锌的研究上，我国与国际是同步的，并拥有核心技术方面的自主知识产权。2006 年 12 月，在美国材料研究协会（MRS）秋季大会上，我作为 2 名被邀专家之一在首届氧化锌专题会议上做了报告！我们的课题组获得授权的中国发明专利有 30 余项，拥有了自主知识产权！氧化锌发光研究的前景也进一步明朗起来。确实，一开始我压力很大，但是干事业就需要一点压力，我认为迈上一个更高的台阶，在更大的压力下工作，对一个人的成长是很有意义的。当然，任何事物的创新和发展都是不断挑战、不断超越的过程。我们团队创造性地提出了'二元共掺'的原理和方法，第一次让氧化锌在室温下实现电致发光，攻克了这个重大基础科学难关。氧化锌在量子通信、透明电子、传感压电器件等方面具有众大应用前景，也是5G时代的重要材料。而且它所发出的紫外线用途很多，不但可以做白光高效发光，还能运用于各种消毒，说不定以后也会有手持发光仪，只要拿着它照一照就可以杀菌。目前，我已着手把氧化锌研究向产业推进，利用所发明的核心专利和企业合作。"说到这里，叶志镇嘴角微微上扬，露出了一排洁白的牙齿。当时叶志镇的"二元共掺"原理与技术研究创新成果，丰富与发展了半导体掺杂理论，获得了国家自然科学奖二等奖，并且得到国际同行的肯定，这不仅对氧化锌研究推进有重要意义，而且对其他宽禁带半导体掺杂也有借鉴价值。

虚心竹有低头叶，傲骨梅无仰面花

"取得这些成绩都跟浙江大学的平台有关系，跟我们团队的努力有关系。你说对不对？一个人不可能做这么多。这么多年来，我总结出一些工作经验，人很关键，而且要具备3种工作能力。一是要有规划与争取的能力。二是要有执行与创新的能力。你能不能干好，干得好不好，就要看执行力。在执行过程中还要创新，是吧？创新应该是一个系统，包括3个环节：知识创新、技术创新和产品创新。3个环节，环环相扣，形成一条创新链，创造出价值，才能利国利民。三是要有总结与展示的能力，做得再好，展示不出来，总结不好，也是不行的。如果你是做科研工作的，还要具备3个'有'。第一，要有特色，国家重点实验室就要做有特色的研究；第二，要有优势；第三，要有意义，就是这个有特色的工作要很有意义，是利国利民的。"

"我觉得您的总结归纳真的可以启发我们年轻人，这些能力和要点是层层递进的。太佩服您了，不光是科研领域的大专家，还是管理领域的大专家。"

"你过奖了，这也只是我工作 30 多年以来的一些经验。其实，科学技术和经济是息息相关的，国家这么重视科技也在于此。科研是有层次的，一项实验工作上升到创新工作，这是一个整体的提升过程，要不很多实验就白做了。做实验目的是什么？你要明确需要解决的科学技术难题，然后在更高层面上推动学科建设。作为浙江大学教授，我应该为推进中国的学科建设而努力，把科研成果推向国际前沿。

"我们要始终记得做人要谦虚，年轻的时候大家都会心高气盛，实际上越谦虚越好。前期我跟 2 个学生讲过努力使人进步，谦虚更使人进步，努力是发展的内在潜力，谦虚能让人认识到不足，把人家的长处学到手，也使人进步。尤其是在中国文化背景下，我们一定要有全局精神，一定要懂得感恩社会，感恩周围的人。因为一个人再能干、再努力，没有很多人帮助是做不了大事情的。我们要谦虚谨慎，团结更多的人。我一路走过来得到了很多帮助，包括学校的历任校长，在学科建设上我得到了张泽院士的帮助和支持，因为一个人能力毕竟有限，一定要向很多人学习，改正自己的缺点，学习他人的方法，方法论很重要，要学习对方的思路。

"我当院长的时候还提出'五个一'学科建设，做科研要有一个带头人，他要带一个团队，朝着一个方向，争取一批项目，做出一批成果。"我非常认真地记着叶志镇的每一句话："叶院士，今天我有幸听您的课，真是受益匪浅。您是温州苍南灵溪人的骄傲。"只见叶志镇淡然地笑了笑。

"您对未来有什么规划？对我们年轻人有什么建议？"

　　"一直非常感恩这个时代，感恩浙江大学，感恩家乡温州苍南的培养，当选院士既是一种荣誉，也是一种使命和责任。我的研究领域是宽禁带半导体材料，作为这一领域的院士，接下来我要努力在国家信息技术，尤其是宽禁带半导体材料和5G技术等方面，为国家做出应有的贡献。中国改革开放以来经济发展迅猛，年轻人要坚持梦想，坚持努力，要有坚忍不拔的毅力，克服困难往前走。困难包括科研上的困难和生活上的困难。我的骨子里还是有温州人敢闯敢拼、抱团合作、勤奋灵活的性格特点的。"对于他的这席话，我深深地烙印在心，遇见困难要不断往前走。"不过，我勤奋可以，灵活不足，正在不断地改进。"叶志镇笑了，我也笑了："叶院士，您太谦虚了。没有聪明的大脑，光勤奋也达不到理想的彼岸的！"

　　席间，听到叶志镇说得最多的词语是幸运和感恩，而对自己勤学苦练、日夜拼搏，以及一路的披荆斩棘丝毫不提，我的内心升起一种敬佩。叶志镇一边说，一边送我走出门外。

　　"在些许空余的时间要学会生活，在生活中点燃希望和活力。你看虽然是冬天，我买来的三角梅快开花了。"

　　"对哦，叶院士，我进来的时候看到了 2 个大红灯笼，2 盆杜鹃花非常喜气。"

　　"我一直非常喜欢欣欣向荣的感觉。我们都是农民的孩子，赤着脚也要学会奔跑的！"

　　叶志镇一直送我到小区门口，看着我上了出租车才放心地离开。告别时，他的微笑让人温暖，犹如冬天里的阳光。

专访于 2020 年 2 月

无问西东，只问初心

——专访眼科专家姚玉峰

人物名片：姚玉峰，浙江温州人。浙江大学医学院附属邵逸夫医院眼科主任、眼科学教授、博士生导师、医学博士（日本大阪大学）。浙江省"151人才工程"第一层次人才，曾获浙江省科技进步奖二等奖。成功主持了世界上第一例采用由他独创的角膜移植术进行的手术。他创造的技术，被国际眼科界命名为"姚氏法角膜移植术"，被美国眼科科学院称为"该领域治疗方法的一个突破"，并被写进美国医学教科书。

　　我从萧山乘出租车赶赴邵逸夫医院，去拜访一位"最美"的人。刚刚下午5点，太阳已经收起了淡淡的光，怕冷似的，躲进了像棉絮一样厚的云里。到医院时，天已经黑了，姚玉峰医生身着深灰色羽绒衣早早地在电梯旁等着我。"不好意思，还让您亲自跑一趟。""我才不好意思呢，打扰您了。"我没想到荣誉等身的姚玉峰如此谦逊。姚玉峰的办公室，简朴而干净，最显眼的是一张放在沙发扶手边沿上的姚玉峰卡通画。姚玉峰一边帮我泡茶一边笑着说："这是一位会画画的病人送给我的。"

　　"我也是您的病人，我来您这儿看了3次眼睛。我要谢谢您。"

"不值一提，这是我的本职。"

无问西东，只问自由

"姚医生，我想和您聊聊您的过去、现在和未来。我想知道您从医的原因。"

只见姚玉峰略微沉思。"我 1962 年出生，在我读高中之前，学习到底能起到什么作用在当时的社会环境下是不清晰的。我觉得家里的长辈尤其是我的父亲十分重视读书，这对我影响很大。"

"您父亲是做什么的？"

"父亲以前在新四军的一个支队，温州解放时他留在了地方监察处工作。他对读书很重视。我父亲经常挂在嘴上的一句话是：'我相信社会总有一天会需要知识的。'"

"您的父亲真有远见。"

姚玉峰温和一笑接着说："那时，很多孩子以去工厂工作为荣。我也想去。我的父亲认真地问我是否真的不想读书，我认真地回答是的。后来我就去工厂上班了。"我一脸惊讶地抬起头，问道："真去啦？不读书啦？"姚玉峰哈哈一笑。

"真的去了。那时我在温州九中读初中，一进学校老师就让我当班长，而且要培养我入团。我去工作的时候连招呼都没打。我学的是钳工，工作了大概 3 个月，我的师傅很喜欢我，说我手巧，做的东西很像样。那时就十二三岁，我们去工厂都要自己带一周的米，周末回家。一次周末回家，父亲出差去了，晚上我跟母亲说起工作没啥意思，挺无聊的。

"当时也就这么一说。第二天，我父亲回来，母亲就对他说起了我

姚玉峰和作者的合影

的这句话。第二天就是周一了，父亲对我说：'你就别去了，明天我带你回学校，看看学校能否让你复学。'我的父亲第二天把我带到学校，先去找了班主任，班主任是个姓赵的数学老师。他对我的不辞而别很生气。我父亲尽可能地赔笑脸对老师解释。"讲到这里，只见姚玉峰神色黯然且有些愧疚。"我父亲是一个军人，自尊心很强的，但是那天好说歹说，班主任坚决不肯接收我，是真的生气了。在这样的情况下，我的父亲觉得完全没希望了，正打算回去，我挺害怕的，傻乎乎地跟在他后面。我看到前面走过来一个人，个子蛮高的，穿着一身中山装，突然停了下来，这个时候他和我的父亲异口同声地称呼了对方。原来是学校的教导主任李老师。"姚玉峰的眼睛此时亮了起来。我好奇地问："您的父亲是怎么认识教导主任的？"

"他们曾经是同事。我的父亲把事情的来龙去脉对李老师讲了一遍，李老师也觉得为难，但是表示带着我们再去说说情，他说赵老师的个性很强，是一位很负责任的老师。

"我们一行人再次来到赵老师的办公室，李老师对赵老师说，孩子能够回心转意不容易，是不是能够考虑给他一次机会，但是赵老师还是非常坚持，他提出的理由就是已经半个学期过去了，我是跟不上教学进度的。那时我的父亲说了一句，能不能让我参加期中考试，如果考试成绩不行，我就放弃读书。如果我的成绩还行，请赵老师高抬贵手！

"我记得好像离期中考试就只剩3天，语文、数学、物理、历史等科目，我父亲和母亲每天给我补习，我也很自觉。想到父亲求情被老师拒绝的场景，我的心里挺难受的，后来我也很争气，数学好像考了100加10分。这样的话老师没话说了，所以我就继续读书了，而且从那次起，我不需要家里的任何督促，考试都排在前10名。"我能感受到姚玉峰满满的自豪。

"哇，您真的很聪明！"

"还算聪明吧。"姚玉峰自信地笑了。从温州九中毕业，姚玉峰去了温州二中，被分在了一个学习水平较好的班级。开始一段时间，学习有些吃力，但是老师经常鼓励他，2个月以后他就跟上来了。当时的高中是两年制，父亲在担心他以后的发展的时候，1977年，高考恢复了。1979年，全班约56人参加高考，有49个学生考上大学，据说是整个温州二中历史上升学率最高的一个班！

"那么我为什么要学医呢？其实有一个故事的。"

"真的？说来听听。"我饶有兴趣地看着姚玉峰。

"我7岁时，真的很顽皮。那时，我们住的是商业宿舍，厨房跟卧室是分开的，厨房在一楼，是公共厨房，我们家住在二楼，每天菜烧好以后，要将菜从厨房端上楼去吃的。一楼有通道，我们几个男孩子在玩，一个大姐菜烧好以后就端出来去她一楼的家里，我没注意，跑过去撞上了菜盘子。盘子被撞翻了，我的眼睛一阵剧痛，像是眼珠子掉出来一样。后来，我学医以后才知道，其实我们的眼睛周围是有一层脂肪保护的，脂肪是被一个鼓膜包起来的，盘子撞到眼睛把鼓膜给撞开了，是很可怕的，眼珠像掉出来一样。我的父亲当时就从家里跑下来，看到这个场景，他整个人都瘫倒在地，觉得孩子的前途没了，眼睛瞎了。那一天，是邻居大伯把我抱到医院急诊室的。到现在，我印象最深的就是当时手术器械碰到盘子的清脆声音。当时局部打了点麻药，我这个人很会忍的。你知道我在想什么吗？当时有一部电影叫《英雄儿女》，我对它印象深刻，电影里的英雄人物在恶劣的环境条件下一点都不害怕，眼睛的痛有什么怕的。"

"您太厉害了！"

姚玉峰亮晶晶的眼睛，像映在溪水里的星星。"那天在医院观察几个小时以后就回家了，缝了 18 针。"

"眼睛后来有影响吗？"

"过了一周就开学了，当时查了视力，还不错，7 天后在医院拆了线。医生粗心，有几针没拆干净，还是我父亲拆的。"从那以后姚玉峰对穿白大褂的医生充满了尊敬和向往，憧憬自己有一天也可以当上医生。这是姚玉峰后来高考填志愿时选择学医的一个很重要的原因。姚玉峰对我说："高考填志愿时，我一开始想填工科，觉得自己手很巧，而且当时是'学好数理化，走遍天下都不怕'。后来学医的原因有 4 个。第一，父亲找我谈了话，建议我学医。我又想起小时候受伤的经历，而且在温州，除了称呼老师是先生，称呼医生也是先生，医生很受人尊重。第二，我父亲说他自己一辈子都想当医生，如果不是因为身体不好其实是可以去军医学校的。我父亲之所以能帮我拆线，是因为他尽管没学过医，但当时他把大部分工资都拿来买医学书了，所以父亲的夙愿对我产生了很大的影响。第三，我的祖辈是开药店的，在乐清开药店，亲戚当中还是有很多人当医生的。第四，医生是一个技术型职业，父亲对我说学医受干扰少。所以，我填的所有志愿都跟医学有关。之后，我就顺利地进入了浙江医科大学学医了。"

无问西东，只问深情

"上大学以后，一开始我觉得读书是没意思的。"

"啊？是不是太枯燥了？"

"对。每次看到这么厚的书，而且每一条知识点都要背，我就觉得学医真无趣。那时候如果可以退学的话我可能会退学。那个年代退学的话，就永远别想再参加高考，所以我就熬着。但是到了第 3 年，我发现我对医学很感兴趣了。"

"啊，为什么？"我又一次惊讶起来。

姚玉峰笑吟吟地说："因为接触医院了，有实践了。我发现自己比别人的悟性要好，比如说在医院妇产科实习，感受胎儿的胎动是一件很开心的事情。后来临床实习，那时候学生进行实际操作的机会很多，我主刀十来次，做得挺好，老师也很满意。到了 1984 年毕业分配的时候，医院的组织部部长和宣传部部长找我谈话，让我留下来做行政工作，我说我不太适合从事行政工作。他们问为什么，我对他们说我做事顶真、直率，很明显不大适合从事行政管理工作。结果，这两位领导说就是需要我这样性格的人。后来我就在组织部工作了。说实在的，我工作很认真，但是感到很痛苦。痛苦什么？我觉得我失去了当医生的机会。我记得当年有一部电视连续剧叫《今夜有暴风雪》，里面有一个镜头是知青的手被冻伤了，来到一个条件很差的手术室抢救，当看到医生把无影灯拉过来的时候，我自己在颤抖。为什么？我在想，我这么想当医生的人却当不了医生，无影灯很神圣，医生能救死扶伤，我却不能够。那时候，我浑身在颤抖，很痛苦。" 姚玉峰微微转动的眼珠流露出一丝无奈。我默默地叹了一口气。

"那个年代，大家喜欢唱歌、跳舞、看电影。我对这些都不感兴趣。医院组织部有一个铁门，我把铁门关掉，然后用自己买的一个卡式录音机学英语。那时候录音机要二百来块钱，我花了好几个月的工资，缺了点钱还是向同学借的。我觉得其他事情我都干不了，每天组织工作也很

忙，都是很严肃的，晚上没事干就学英语。1985 年，浙江医科大学有
一个外教，他开了一个英语班。学校就挑条件好的学生进入英语班学习，
我还当过英语班的班长！后来参加托福考试，报名费大概要 50 美元。"

"这么贵？"

"当时是很贵的。如果考试分数合格，学校会报销报名费，考试分
数不合格，得自己交报名费。那一年，我一下子就考出来了。"

"牛！和您每天关起门来学英语是分不开的。"

"那时候，我很坚持。我睡觉比较迟，就一直听下去。当时也没有
空调，顶多一个电风扇。门一关，就不会被人家跳舞、唱歌干扰。英语
确实是那时练出来的！"泰戈尔说过："白天是近在眼前了，那时你的
负担将变成礼物，你受的苦将照亮你的路。"我觉得姚玉峰就是在一路
逐梦。

姚玉峰对我说，他想做临床医生，领导很慎重地为他考虑，担心他
不适应，也让他自己慎重考虑。姚玉峰考虑了一天后答复领导想去浙江
大学医学院附属第二医院的眼科。领导奇怪姚玉峰为什么选眼科，其实
我也很好奇。他温文尔雅地一笑，对我说："第一，我觉得我这个人倾
向于外科系统，操作能力还是蛮强的。第二，'浙二'眼科那时还很弱，
其实成立没多长时间，没多少人，又是属于外科系统的，眼科的内部竞
争相对比较弱。第三，英语是我的优势，与医学知识结合起来的话，我
认为做眼科最好。领导问我是否真的考虑好了，我说考虑好了！他们就
给浙江大学医学院附属第二医院院长吴金明打电话，说我们这里一个小
姚到你那里去，欢不欢迎？很有机缘的一点是，吴院长的就职，是由我
考察的，我还找他谈过话，所以我和吴院长还是熟悉的。他很欢迎我去
'浙二'的眼科。那是在 1987 年 8 月。

"到了'浙二'眼科以后，浙江医科大学的很多外事活动和'浙二'医院的外事活动我都会去当翻译。"

"哇，姚医生，您的英语水平真高。"

"所以'浙二'眼科发展到今天，我是做了点贡献的。为什么？世界健康基金会（Project HOPE—Health Opportunity for People Everywhere）当时送了一批眼科的仪器和手术缝线等，有一天，我到浙江医科大学外事处，那里的同事说让我去仓库里看看有没有我需要的东西，我就拿走了基金会送的手术缝线。他们的缝线可好了，我很高兴。这点小事也为'浙二'眼科的发展奠定了基础。在'浙二'眼科时，我还是很勤奋的，愿意付出，大家都嫌晚上值班累，但我认为这是一个锻炼的机会。记得当时有几个老医生，其中一个评论我：'这个人是未来的主任。'其实上手实践的机会越多，进步就越快。我是在1987年8月到眼科的，1990年1月，我就晋升讲师了。因为属于'跳级'晋升，学校领导要对我进行面试。等到通过浙江医科大学校长、书记的面试以后，我就可以独立带医疗组了。有老医生担心我带组会累，我接了一句话：'放心，一点都不累！'那时候，门诊和病房是分开的，住院做手术的病人还是需要去门诊医生那里看病，进入病房1个月以后，由我开刀的病人在门诊老医生那里复诊，门诊老医生说手术做得完美。"姚玉峰此时的大眼睛里闪动着青春、热情的光芒。

"当了眼科医生以后，有一种病对我的冲击很大。这种病叫作结角膜病。对大部分得此病的病人，医生是没有办法的，就只能眼睁睁地看着眼睛烂穿，最后把眼睛挖掉，病人不仅没有了眼睛，还毁了容。对我来说，这是一件非常痛苦的事，所以我想出国学习。

"1990年，一次偶然的机会，我要负责陪伴2个患结角膜病症的病人到日本治疗。病人去了日本以后，在福冈的医院做了眼角膜移植手术。回国前，我参观了当地眼科专业最好的大学。有位教授问我要不要留下来读博士，可以申请日本文部省奖学金。当时国内角膜移植手术还处于起步阶段，迫切需要新知识、新技术。

"我想出国深造的愿望很强烈，我给校长写信说明想留下来深造的事，校长给我回信让我把2名病人带回来，并说组织上会考虑出国深造一事。其实治疗2个病人仅仅是一个契机，最关键的是我们要利用这样的一次交流机会，把浙江的眼科发展起来。后来在领导的推动下，浙江正式成立了2个眼库，一个是浙江医科大学眼库，一个是浙江省眼库。'医大'的眼库主要由我运作，成立眼库、进行显微角膜移植术，浙江在全国算是最早的。

"几个月后，日本回访，看到浙江的角膜移植发展起来了，他们也很高兴，当时还捐了东西，其中有很多书，一本书三四百美元，那个时候我们的工资才二三百元。"姚玉峰想出国深造的愿望更加强烈了。几经努力，他于1991年底考上当时卫生部"笹川医学奖学金"的公派出国项目，整个浙江考上这个项目的只有3个人，全国有50个人。

"考试通过了以后，卫生部要对我们进行出国前的语言培训，我在第一次从日本回国后就自学日语了。1991年底，我到卫生部日语培训中心进行集中培训，上了1周的课后，我被老师分到了C班，该班的学生第一外语是日语。老师是日本人，很较真。我当时很累，每天要完成1篇日文作文，课堂上要进行5分钟的日语演讲，所以刚进入C班的时候，我都蒙了。老师还对我说，既然来了就不能回去，于是我一直硬逼着自己跟上学习节奏。毕业时，成绩是A＋。"

"太佩服您了！"

"选择学校也很盲目，但是有了一次去日本的经历后，我觉得既然出来了，就必须选择去最好的大学学习。当时没有互联网，我就选择论文发表多一些的、被引用多一些的学校。就这样，我选择了去日本大阪大学医学部眼科研修。

"1992 年 3 月 30 日，飞机从北京飞到东京，我们从飞机场出来，由现今的日本天皇当时还是皇太子的德仁亲王亲自迎接。'笹川医学奖学金'项目的级别是很高的，当时中国的改革开放在日本人的心目中地位也是很高的，从接待的层次就可以体现出来。每个留学生由每所大学的导师来接，但是接我的导师不是教授而是个讲师。当天晚上，他跟我聊了几句就离开了。第二天从东京坐新干线去大阪是另外一位教授顺路把我带去的，当时我的内心很失落，自己的教授没来，来了个讲师，然后还是另一个科室的教授来带着我。坐在高铁上，这位教授和我聊天，聊天南海北。他说我选的眼科专业好，他说眼科专业的田野保雄刚刚当上教授。我说，按照中国人的想法，刚刚当上教授，影响力不够。这位教授就直接反驳我说：'刚当上教授，他必须拿出东西来证明自己有教授的实力，快退休的教授已经没动力了，带学生也就混过去算数了。'他说得很实在，我的心开始好受了些。后来，我到了眼科教研室，教授背对着我和其他人打完电话才转过来，先是用英语问了一些情况，讲到一半，换成了日语，我也马上转换频道，跟他对了几句日语。他让我去找房子，其他已经安排好，并让我下周一上班。周一到了眼科病房，一个护士（后来我才知道她是护士长）就对我说，听说来了一个英语和日语都很棒的医生，他们内部已经在传了。教授叫我姚先生（后来一直叫我姚先生），日语里先生是个尊称。带我的井上是一个从美国读完博士刚回大阪的助教。开始的一两个月，说实在的，没有事干，环境不熟悉，语言不通，人家讲话，我听不懂。井上一边在学校做病毒的培养实验，一边在外兼职，我看他手忙脚乱的，想帮助他，但是他怀疑我的水平，他说在我来之前有一个中国留学生在这里待了2年，想学病毒培养，结果一年半的时候失败了。我说让我试试看，失败了也没什么损失。后来，他看我操作得很好，就放心地把病毒培养实验交给了我。

"1992年春天，美国哈佛大学眼科研究所所长斯特莱茵赴日进行学术交流，他被称为现代眼科医学之父。在学术交流期间，我以留学生的身份参会，并向大师提出了'如果免疫在眼前房可产生选择性抑制，绕开机理研究的细节，这个机理是否可被用来治疗某些免疫增强性的疾病，比如排斥反应？'的前沿性学术假设问题。斯特莱茵先是一愣，停顿了一会儿以后，走到田野教授边上说姚玉峰这个家伙很厉害。

"那天晚上联谊活动结束后，我回到教研室，田野教授从我背后走过来，突然问我要不要读博士。我很诧异，立刻反问田野教授为什么之前不答应让我留下读博完成学业，现在又来问我要不要读博士。田野教授继续说如果读博士的话就别回去了。我说对于'笹川医学奖学金'项目，中日政府之间是有协议的，不回去不可能。此时田野教授对我说了一句至今令我很感动但是我没有答应的话：'回去的时候，我给你办好去美国的签证和手续，我给你2张机票，一张飞北京，一张飞美国。你可以不出海关直接飞到美国去跟斯特莱茵教授学习。'但是后来，我还是从北京回到了杭州，就是因为我答应过校长，校长也答应我以后一定给我读博士的机会。为了实现诺言，我回到了杭州。"

"所以您还是遵守诺言，回到了学校。"

"是的。"姚玉峰一双泉水般纯净的眼睛里，充满了坚定。

当姚玉峰出现在学校时，惊喜不已的老校长对着众人说了一句话：

"派姚玉峰这样的人出国，值得！"1993 年 5 月，回国 1 个月后，学校让姚玉峰回到大阪大学继续攻读博士学位。

"当看到我走进教研室时，教研室的同事们说了一句'欢迎回家'，令我感动。田野教授对我很好，让我申请了日本的临时医生证，还是日本的卫生部长批准的，医生证上面有厚生省大臣的签字。

"验证一个假说要做模型，我必须用到小鼠，但没有人相信。田野教授对我还是很好的，实验耗材单没经过讨论就给我签字了。既然要做小白鼠的模型，就需要一台更加专业的显微镜，实验室没有，田野教授亲自给厂家打了电话，他打电话时很有意思，说是为日中友好做点贡献！这位年轻的教授真的非常厉害，后来他成了亚太眼科学会 APAO 的主席。我需要用到的各种各样的实验器材，他总是千方百计地给我拿到，而且说实在的，我是违背他的意志的，因为他研究的专业跟我研究的专业是不一样的，他很想让我转到他的专业去。他还把看视网膜的显微镜送给我，我一直用到现在。"姚玉峰摸出白大褂口袋中的显微镜，不舍地盯着它。我一看，它外表斑驳，有些地方已经因长期触摸而脱落了。他看出了我的疑惑，打开盖子给我看，里面的显微镜还是非常清透的。一股中日情谊流淌在这块不起眼甚至都有些陈旧的显微镜里。

"井上先生跟我也很好，我们如兄弟般。我的日语进步那么快，跟他有关系。大家讨论学术问题的时候，其实我很多都听不懂。井上先生是一个很有耐心的人，他会把我听不懂的内容写成汉字给我看，所以我的日语水平突飞猛进。

"1995 年的一天，我把自己独创的小鼠角膜上皮移植模型做成一个病理切片，带给了大桥先生。在显微镜下一看，他惊喜地说成了。那几年，我用了 2000 多只小鼠做实验，终于证明了角膜上皮移植理论，

揭开了角膜移植排斥反应的精细机理。大桥先生说这个研究成果肯定能
在当时眼科方面最有影响力的杂志上发表。田野教授见到我说学校教授
会的人都认识我了，学校的教授会拥有学生入学、退学、转学、毕业等
关于所有学习活动的生杀大权，并且说我的博士学位肯定没问题了。一
晃 3 年过去了，我向田野教授申请提前答辩。田野教授认为完全可以，
一是大家都认识我，二是我的研究成果可以。教授会先预审，教授会说
提前答辩可以，但提前毕业不行。答辩的那一天，井上先生提醒我博士
答辩不是做报告，一定要注意时间，而且你是向答辩委员会汇报，请他
们审核，不是去展示。在我前面答辩的是一位骨科的博士，已经读了 7
年了，他的答辩时间超时了 20 分钟，委员会主席的脸色都变了。显而
易见，这个博士的答辩没有通过。轮到我答辩时，我的答辩时间刚刚好！
委员会主席说很长时间没有听到过这么漂亮的博士答辩报告了，说我的
眼科报告非常深入，非常有说服力！接下来轮到委员会提问，问题不算
太刁钻，其中一个提问的教授是皮肤科的，因为他的研究跟我的研究有
一点相近，本来约好只聊 10 分钟的，结果我们聊了近 2 个小时。答辩完，
回到教研室，大家都很高兴，那些秘书已经在鼓掌了！"此时，我仿佛
也沉浸在现场的喜悦中："我也为您鼓掌，真的很高兴！为咱们中国人
长脸了！"

答辩完，姚玉峰去找田野教授，说他要回国。田野教授傻了。田野
教授是一个很严肃的人，大家都很怕他。姚玉峰说："这几年您对我的
好，我心里是很有数的。这里的平台确实非常好，而且我和这里所有跟
我交往的先生都建立了非常深厚的友谊。我为什么要回去呢？第一，我
当年来这里，是希望自己能够学到知识、技术，然后回中国去治病，留
在您这里，我可以再进一步地提高学术水平，可是这跟我给人治病的初

衷相背离。第二，改革开放对中国来说算是一段新的历史。现在我学好回去，可能比留在这里发挥的作用更大。第三，再不回去的话，我就会被辞退。"我在纸上记着，仿佛看到慷慨激昂又不失礼貌的姚玉峰站在一位顶尖的眼科教授面前诚恳地陈述着回国的原因。

"因为他知道您的初衷，您的初心，您想回去给人治病！"

"对。他问我毕业以后如何打算，答辩好了之后还要2年才能给学位，他说在我拿到学位证书之前，我的学籍和客座研究员的职位，他会一直为我留着。他还说这2年如果需要再做实验的话，我可以再来。他对我印象很好，凡是我推荐去他那里学习的人，他肯定信任。"我体会到了什么是真正的信任，信任是可以跨越国界的，是可以产生奇迹的。

"于是1995年4月1日，我毅然回了国。"

"哇，好巧，您见教授的日子也是4月1日。"

"嗯，是的，出国的日子是3月30日，见到他是4月1日。1997年，田野教授问我要不要去参加毕业典礼拿学位证书，我对他说我去不了，他说让人代领是没问题的，但万一丢掉怎么办，学位证书仅此一份。他又问我中国有没有快递业务，我说有的。他又担心万一丢了怎么办。后来，他叫井上教授和其他一个老师来我这里，一方面是来看看我，另一方面是让他们把学位证书带给我。"

"遇到这样的老师真的是一辈子的福气！"我忍不住感叹道。

无问西东，只问敢勇

"井上教授和另外一个老师是1997年夏天来的。当时邵逸夫医院没有眼科，正向我伸出橄榄枝，我也在考虑中。我邀请他们在'浙二'

做了报告以后，让他们帮我看看这个新医院，帮我出出主意。井上教授对我说：'从零开始有从零开始的艰辛，但是有从你开始的意义，你是起步教授，打开这个局面的价值意义就不一样了，所以说还是有去的价值。'这是他的原话。我是 1998 年 1 月 28 日到邵逸夫医院报到的。报到的第一天，医院给了我一个很小的诊室，对我说：'要不接下来你先暂时坐诊吧。'我就拿着这把尺子在那个房间里量，我想桌子怎么摆。"

"就是这把尺子？"

"就是这把尺子，我一直保留着。"

"真的太有纪念意义了！都 20 多年了。"

"在量的时候，已经有 20 多个病人在门口等着了，说要我给他们看病。我说我刚刚到邵逸夫医院，什么东西也没有，什么检查设备都没有，怎么给你们看病呢？病人说你不给我们看病，我们就去找院长，后来有几个病人真的去找院长了，也给我造成一点小麻烦。

"1 个月过去了，有一个得了病毒性角膜炎的病人，眼睛烂穿了，我看了以后向领导请示能不能在邵逸夫医院做手术。当时的院长对我说手术资质是没有问题的，但是当时邵逸夫医院的手术设备不够好，如果这个手术做不好，可能所有的责任都要我自己扛。我说眼睁睁地看着病人的眼睛挖掉总不行！我说我会负责任的。这是我在邵逸夫医院做的第一台手术，而且还让我承受了这么大的一个风险压力。当时真的什么条件都没有，我是在门诊手术室给他做的手术，助手也没有，做了一个多小时。现在这个病人跟我关系很好，眼睛恢复得也很好。"所以说邵逸夫医院的眼科是姚玉峰一把剪刀一把镊子干起来的。"1998 年，我做了 300 多台手术。我现在一年要做 1600 多台手术。1999 年，施校长问我是否能承担教学这一块业务，那时人少，大家的压力都很大，不愿意再增加负担，所以眼科教学中所有的教学大纲、备课、试题都是我做的。到现在为止医院眼科学的课都是我亲自去上，这周一上午刚刚给 80 多个'浙大'留学生进行了全英文授课。我觉得教学也是一个很重要的部分，把人培养出来，真正后继有人，才是真正的价值所在。"听到这里，我被姚玉峰无私的传承所感动，被他日夜勤耕所感动。

"您这样辛苦几乎连休息的时间都没有，不是做手术，就是在门诊，要不就是在教学的路上，对吧？还需要参加各种国内的、国际的专业会议，太令我感动了，我得向您好好学习！"

"你过奖了。你看全世界对人才的重视，包括我的导师，对我这么好，其实就是看上我的智慧了，觉得我是能够被培养出来的，我是能实现他心中的愿景的，所以他就特别信任我，也对我特别好。这就是师授的动力。"姚玉峰的眼睛仿佛正在向我灌输一种让人振奋的力量。和大家讲他自己的故事时，一讲到病人、学生，他就显得非常和蔼，湿润的眼睛里流露出特别温暖的光芒。

"我从日本回来后一直在研究排斥反应，这是一个世界性难题，一直没有得到解决。其实我在大阪的时候就已经设想好了，就是把眼角膜的最后一层保留，把别人的角膜移植上去，这样的话就不会发生排斥。当时我已经把专业实验基本做完了。我的导师说这个想法是你的，知识产权归你个人，这让我很感动。对于姚氏法角膜移植术，我一直没发表，我想等完全验证这个设想是合理的，临床效果是可靠的，所有细节没有漏洞时，我再发表。到 2002 年，我做了 39 例临床手术，才公开了姚氏法角膜移植术。那个时候做得很谨慎，到目前为止，我已经做了 3000 例了。

"2004 年，日本角膜病学会召开，组委会邀请了 2 个人作为演讲者，一个是我，另一位是来自哈佛大学的教授，并且给我 1 个小时的演讲时间。在国际会议上做 1 个小时的演讲，规格是很高的，说明我的学术地位得到了肯定。会议结束以后，田野教授邀请我去大阪看看，给同窗会做一场报告。我记得他在通知中是这么写的："姚玉峰是从我们这里毕业的，他在我们这里学习的几年，不管是学术成就还是人格品质都是被整个大阪大学所认可的。'这样的通知，让我感动。所以，后来我又去大阪做了一场报告。

"2010 年，国际角膜病大会在日本东京举办，那一年我没去，因为医院里有事情。大会主席还给上海领事馆打电话，说要保证给我出签。终究我还是没有去成。当时会议现场有一条长廊，对角膜病的历史进行了一个回顾，从 1700 年至 2010 年，其中介绍了 57 位眼科专家，其中有一位是我。有一个参加大会的北京医生回国遇见我，他拿出照片对我说：'我淘到了一个宝，人家把你写进历史里了，作为中国人我很高兴，我帮你把每一张都拍了下来，现在交给你。'"

"真的是太伟大了，能够在眼科历史上占有一席之地，300 多年中只有 57 位，而你就是其中之一。"

无问西东，只问盛放

"1998 年，到邵逸夫医院以后，我把所有看过的病人的病历档案都用照片保留下来。这就相当于我拥有了 20 万张角膜病的图像，而且这些图像是清晰的、唯一的。有什么价值呢？这些图像相当于一个角膜病数据库。中国人口多，建立一个数据库是很有优势的。

"2017 年，阿尔法围棋出来了，人工智能打败了人类，数据库起了很大的作用。我跟浙江大学计算机学院副院长吴飞合作，一直在建一个人工智能角膜病诊断系统。我们有一个团队，研究开发了差不多 2 年时间，现在已经初步成功了。开发有什么意义呢？我们现在用人工智能诊断系统诊断角膜病的准确率可以达到 87%，眼科医生的诊断准确率是多少呢？我们从全国挑了 400 位眼科医生和我们开发的系统进行比赛，医生的诊断准确率不到 50%。提高一个百分点意味着什么？如果有 1000 万例病人，提高一个百分点，就意味着有 10 万例病人不会被误诊；提高 10 个百分点，就意味着有 100 万例病人不会被误诊。

"我们接下来要把这个系统变成所有眼科医生的一个辅助性工具。这有什么意义？第一，我们国家最缺的是高水平、高质量的医生，但培养一个高水平、高质量的医生，有很多偶然因素。如果人工智能做好的话，每个医生都配上这个系统，这样的话就把医疗同质化了，到哪里看病都是一样的。第二，远程会诊，如果有这样的一个系统辅助，远程会诊就可以拿该系统做分析，也就是完全同质化。"

"这个是很大的产业。"

"说得对，你很敏锐！

"第三，改变传统的医学教学模式。我们传统的医学教学模式靠什么？靠读书，靠理解文字的意义来学习知识，这就是为什么感悟如此重要。然而，该系统会归纳出我们的学习逻辑，所以很多传统模式都会被改变。我们原来的校长叫潘云鹤，潘校长很重视这一块的发展，他说我们现在国内所有的设备器械，包括芯片，关键问题是知识产权在别人手里。如果知识产权在我们手里，我们就可以弯道超车，在眼科领域里实现超越。"我越听越激动，一下子站了起来："我无法用言语表达我对您的敬佩。"

　　"我觉得接下来我会将精力投入病毒的研究。其实，有 10 多种病毒可以引起眼睛生病。以前的医生主要靠观察和经验来看病。那么现在我们的团队只取一滴眼泪，就可以把这 10 多种病毒分析出来。到底是什么病毒导致眼睛生病的，一下就知道了。我现在和医疗公司合作，一起完成这个产品，将来这个产品可以成为医生诊断的一个很重要的依据。

　　"我还有一个想法，培养一批可以昂首挺胸站在国际上的、让人敬重的医生！我觉得这个想法是我后半生最大的心愿。这才是真正的价值所在！"

　　"您正在做一件功德无量的事情！"

　　"我们要打软实力的仗、技术的仗，拥有我们自己的知识产权，让我们国家的一批人能站在国际舞台上，别人就不敢小瞧我们了！"一双炯炯的有光的眼睛，让人顿觉有情，顿生力量。

　　我心潮澎湃地听完最后一段话。告别时，我深深地向姚玉峰鞠了一个躬，时至今天，他眼镜后边的眸子依然灼灼闪亮。这样一双眼睛，有着一种神奇的力量，推动着时代前进；这样一双眼睛，有着一种变革的神力，优化着我们这一代年轻人的心。一对黑亮的眸子深邃透明，像 2 颗神秘的星星，豪情万丈，荡气回肠，告诉我们天下很大，要心有向往。

专访于 2019 年 12 月

柯城少华，万古流芳

——专访"时代楷模"万少华医生

人物名片：万少华，江西上饶人。现为衢州市柯城区人民医院副院长。2016 年中宣部授予他"时代楷模"荣誉称号。万少华先后获得了最美衢州人、最美浙江人·青春领袖等荣誉称号，万少华团队获得"全国工人先锋号"称号。

我静静地坐在开往衢州的汽车里。窗外的雨，淅淅沥沥，敲醒沉睡的大地、沉睡的房屋、沉睡的心。大街上行人很少，我们来到万少华工作的医院，下车时，医院门口没有了平日的人流车流。雨水从楼房顶上流下来，悄悄地，仿佛在和谁述说着什么。在这样的雨天，我见到了身穿白大褂的万少华医生，他带着我参观完医院陈列室后到了二楼会议室。我再次打量眼前的这位医生，他那双不大的眼睛散发着睿智和坚定的光芒，眼角有些许鱼尾纹，让他显得亲切和沉稳。我说明了专访的缘由后，我们彼此点点头，开始进入万少华医生的"时光隧道"……

学道勤奋恒，始终初心守

"我是成长在计划经济年代的人。我是江西上饶人，那个时候我家里有 8 个孩子，我排行第七，家境很差。"

"那您的父母应该非常辛苦。"

"是的，在我读初二的时候，母亲过世，家里更困难了。我母亲是心脏病突然发作去世的。那时候村里只有赤脚医生，限丁水平也限于设备，所以束手无策。"此时万医生的声音低沉了下来，"如果在城市或者现在的农村都是可以救活的。那时母亲的过世对我打击很大！人在受到挫折、遇到困境以后，会成长得更快。所以我觉得要改变这种困境只有努力读书。

"高考填志愿时，我想当医生也是受母亲过世的影响。20 世纪 80 年代，我国农村的医疗资源太匮乏了，城市的医疗水平就好很多。"看着万少华一脸无奈，我的心也很沉重，说道："我觉得我们国家的医生与人口的比例太不合理了，医生太少了，所以农村才会有'赤脚医生'。"

"当时，我觉得当一名医生不仅可以帮助自己的家人，也可以帮助其他人，所以高考填写志愿时第一志愿选择了医学专业。"

"后来您被哪所学校录取了呢？"

"江西学院，5 年制临床医学。"

"学医后，您会不会觉得学习枯燥，有过后悔吗？"

"我的性格比较安静，学医确实需要静得下心来的人。但是学医确实比学其他学科辛苦。1991 年，我去读大学的时候，父亲已经 64 岁了，但还在挑毛竹卖。我读高中的时候，我弟弟在读初中，那时候家里已经没有能力供他上学了，所以他就自己主动不读了。我家就我一个考上了大学。毕业以后，我的第一份工作在上饶德兴市人民医院，离铅山有一段距离。那时交通也不是很方便，回去也不是很多，所以对父亲一直没有尽到孝道。2004 年，父亲去世了，我感到挺内疚的！所以我心里有一个特别的心结，也是一种情结。2005 年，我来到衢州。"万医生的身躯微微前倾，语速缓了下来，脸上闪过一丝悲伤。我很好奇地问道："为什么会来到浙江呢？"

"因为当时柯城区没有自己的人民医院，政府要筹建区人民医院，我算是人才引进过来的，相当于这所医院的创始人之一了。2005 年我来的时候，医院还不到 100 人，我的工作证是 96 号，现在医院已经有1000 多人。"

"短短十几年，医生的数量翻了 10 倍，发展很快啊！"

大医精诚无欲求，心怀慈悲多助人

"我曾经遇到一个病人，他的儿子跟我们医院的一个医生是朋友，他患的是前列腺增生，而我是学泌尿外科的。老人家年纪大，80 多岁，身体也不好，所以也没有做手术，我一直上门照顾他！"

"上门？"我充满疑惑。

"对，上门去替他更换导尿管，他小便尿不出来。年纪大不能手术，所以要长期换导尿管。"

"那您照顾了多久？"

"照顾了他整整 8 年，一直照顾到他去世。他家里人，我都很熟悉。"

"那他对您去替他换导尿管有什么反应？"

"他对我一直很亲切，笑眯眯的。一旦有什么问题，他的儿子打个

万少华与作者的合影

电话我就上门了。他的儿子和大家说起这事，谁都不相信。"

"说实话，万医生，我也不太相信。哪有医生这么好的？不但免费上门，而且还坚持了这么多年。"

此时万少华淡淡一笑，说道："也没什么。这个老人在世时，不愿意住院，后来我帮他在家里换了一次导尿管后，他就特别信赖我，所以之后我就趁休息日去帮助他，后来和他儿子成了朋友，像家人一样。我们现在遇到了也会一起聊天，有一次他儿子问我，这 8 年的时间，我是怎么坚持下来的。其实我想，这是因为我父母过世得早，好像把别人的父母当成自己的父母，因为心有愧疚，'子欲孝，亲不待'。当你真的有能力去照顾、孝敬老人的时候，他们已经不在了。有这种经历，才会有这种感触。所以我对老人都特别好。就是把自己对父母的愧疚，转移到了其他老人身上去了！"听到万医生的声音有些低沉，我抬头一看，他的眼睛有些湿润。想想确实，我们多去看看父母，陪父母唠唠嗑，听听他们的家长里短也是一种孝顺。

"我家里有一个保姆阿姨，我把她当成自己的长辈。也是我运气好，遇到这样一位好阿姨，一直在我家待了 12 年，孩子上初中了，她身体不太好才回老家的。"

"待了这么久一定就有亲情的成分了。"

"是啊，阿姨对我的孩子就跟自己的孙子一样，我觉得这种氛围就很好。现在我们会经常去看她。每年的 4 个季节，我爱人也都会把她接过来，到街上买点衣服和一些日常用品。"

"万医生，您真的把她当妈妈了。"

"我们的好也是相互的，我们家需要添置的生活用品全部由阿姨去买。我爱人经常说，这个阿姨比她妈妈还好，有什么不舒服或者什么不高兴的事情，我爱人喜欢跟阿姨讲，反而不向她妈妈倾诉。"

"真是羡慕，亲如一家了。"此时万少华展眉笑了。

当我问起在从医的过程中，是否遇到了一些医疗难题时，万少华脸色一正，稍作沉思，对我说："作为一个医生，我觉得除了不停地钻研技术，更多的应该是奉献。医生就是要把更多的时间、精力花在病人身上。"说到这里，万少华的眼睛炯炯有神。他接着说："一个医生可以实现多少价值，在于能够帮助多少人，而不在于拥有多少财富。现在社会上很多人在做公益，其实医生尽好自己的本职，就是一辈子在做好事，对吧？你帮助的人越多，就有更多的人认可你。我觉得医生这个职业是一个很好的职业。所以，我会跟很多年轻人讲不要觉得学医很累。5 年大学，要比别人多读 1 年，规培期 3 年，等于读书 8 年才能成为一名真正的医生，而且规培期的时候没有工资，只有一点生活费！"

"规培期都没有工资的啊？这我真没想到。"

"是的，做一名医生是不容易的，国家对医生这个职业的要求严苛，是因为这个职业需要我们对生命负责。人的生命是不可复制的。钱丢了可以再挣，植物死了可以再种，而人的生命不可再生。所以我觉得当医生真的很好。"此时，我深深地觉得医生奉献的是一丝温情、一份关爱、一滴汗水、一份真情，还有宝贵的青春，但他们换来的是千家万户的幸福、健康和安心。

众志一方济之，杏林千里送春暖

万少华对我说在他做医生的 20 多年里令他印象深刻的是一段"无法忘却的民族伤痛"。在 20 世纪 40 年代，侵华日军在侵入衢州时，实施了惨绝人寰的细菌战。有一部分幸存者患上了难以治愈的"烂脚病"。万少华说："实际上'烂脚病'就是由炭疽杆菌引起的皮肤溃烂，这个病反反复复地折磨着这些幸存者。"听到这些，我的笔停了下来，看了看神情沉痛中的万少华，一脸愤怒。他长叹了一口气，说道："是啊！衢州有一个机场，中华人民共和国成立前，杜立特空袭后，美国的飞机出于各种原因飞不回他们的航空母舰了，将士们就弃机逃到了衢州和衢州周边地区。后来日本人为了报复，使用了细菌性武器，其他地区也有，只是衢州是重灾区。据不完全统计，细菌性武器导致衢州5万多人死亡，30多万人细菌感染。有一位叫邱明轩的老师，是我们衢州细菌战受害者诉讼团的代表，一直坚持去日本打官司。"

"他是公益律师吗？"

"不是，他是一位医生，原来是防疫站的站长（现更名为衢州市疾病预防控制中心）、诉讼团的医生，他一直都在关注这些患'烂脚病'的老人家。

"2009年，浙江省民政厅在柯城区建立对日军细菌战'烂脚病'患者的医疗救助试点，于是救助'烂脚病'患者的重任就落到了柯城区人民医院的肩上。这么多年绝口不提不是忘记了，而是为了铭记。时任柯城区人民医院医务科科长的万少华受命组建了一个日军细菌战烂脚病救援组。"

"当时有几个人？"

"整个日军细菌战烂脚病救援组共12个人，他们都是自愿申请加入的，年龄也较小。这个救援组完全靠业余时间和休息时间去救助，我当时很感动，担任了救援组的组长。我们的目的很明确，就是为辖区内患有'烂脚病'的患者开展免费医疗救助服务。

"我想这也是我们对历史的尊重。当地的民政局、卫健局做了大量组织服务性工作，还提供了很多药品。我也跟团队的医护人员讲清楚没有补贴，全靠一份爱心，提倡自愿参加。"

"您为什么一再强调'自愿'？"

"如果不是自愿就会有抱怨，那就会做不下去。如果是心甘情愿做这件事情，哪怕再辛苦，也不会抱怨。出于行政命令的叫服从，心里或者思想上会有一丝不情愿。所以我们救援组的医护人员都是心甘情愿的。这也是我们在无专项经费、无补贴的情况下能够坚持的一个重要原因。大家虽然很累，但不会觉得很苦。"

听到这里，我被这种自愿感动了。万少华虽不大但有神的眼睛仿佛能洞察周围的一切。"我们当时对柯城区疑似患有'烂脚病'的100多个人进行摸排。2009年，经过3个多月的筛选，拟定89人，确诊了32人，2011年又确诊7人，所以一共39人得了'烂脚病'，他们都是当年日军侵华细菌战中的幸存者，大多已经七八十岁的高龄。"

"你们在开展医疗救援的时候，除了专项经费和治疗时间协调有些困难以外，还遇到什么困难？"

"当时我们整个医疗救援组无论是技术、医疗设备还是医疗水平都不怎么样。承担这项任务只凭一腔热血和一份爱心是不行的。最难的地方在哪里呢？这个病在我们国内从来没有一支医疗专业队伍去研究、治疗过，连这方面的论文都没有。"

"等于说你们是新手？"

"对，我们是国内首批技术团队。怎么办呢？就从零开始，最基础、最实用的就是学习，学到一定的程度才能有新的医疗观点和治疗手段出来，当时也没想着事情一定要做得很大，只是想着尽量把这些老人家的病治好。"

"如果你们一开始给自己定的救助目标就特别高，可能就对自己没信心了。"

"是啊，2011 年，我们有些队员就没有信心了，你想象不到烂得有多厉害。"我又感受到万少华有一股惆怅从心底升起……"烂的地方大都在小腿下段到脚背之间。"

"为什么会烂在这个部位呢？"

"日军是用喷雾器、飞机撒播，含有炭疽杆菌的粉末大都撒在树上或者草上，那时老百姓生活条件艰苦，基本都没鞋子穿，脚被一些树丫和草刺刺破的话就很容易被感染。

"脚上划破被传染，症状会比较轻，脚离心脏比较远，对人体的影响是最小、最弱的。所以我们在 2009 年见到的这批患者感染程度都比较轻，感染炭疽杆菌很严重的一批老百姓其实已经不在了。"

我速记着，涌起愤怒之情，继续问道："那么这些患者的脚是怎样的呢？"

"从脚背到膝关节都是溃烂的，可以直接见到白骨，还有整双脚烂掉就剩骨头的，截肢算是最好的方案了。还有些患者身上也有。"我的手一边记录，一边不自主地颤抖起来，不知道是因为愤怒至极还是因为想象着那些老人身上烂穿的肌肤。"这批患者其实已经很老了，年龄大多是七八十岁，最年轻的也有六十几岁。"我的眼泪一直在眼眶中打转，当听到幼儿时期已被感染时，泪滴在了笔记本上。

"那么他们这批人有后人吗？"

"2009 年，我们在调查研究的时候才知道有很多被严重感染的人是成不了家的。大部分人也去世了，39 个人里面有 3 个也是没成家的。"

我一惊："没成家的那些人怎么办？""当时是没有人管的，后来都相继去世了。"说到此时，万少华黯然地低了低头，对我说："因为没有条件，没人照顾，精神上更容易觉得孤独。"我也沉默了。

"我们在做治疗的时候，有一名女士的脚上有很明显的一块，肉是血淋淋的，有小面积的溃烂，反反复复发作，不能走路。你知道'烂脚病'还有最令人受不了的一点是什么吗？"

"除了烂得深可见骨，不能走路外，难道还有什么令人不能接受的吗？"

"臭，奇臭！"我瞪大了眼睛，一下子明白了为什么很多感染者不能结婚，为什么很多人会被孤立或自己有意回避。"虽然我们戴着口罩，但还是能闻到很难闻的气味。我们合力把患者腐烂的肉清理干净，再把伤口包扎起来，连衣服、头发都是臭的。往往这个味道很久才能消除，光洗澡换衣服是没用的，每次我们帮助患者清理腐肉要 2 个小时以上，整个团队没有一个人抱怨过。

"当时那 3 个没有结婚的孤寡老人住宿条件很差，自己也怕臭味传出去，房子就只有一个小窗户，空调、风扇都没有。"

"而且村里的人也会避而远之！"

"我们第一次翻山越岭去给患者治疗时，在离患者的家 200 米左右的地方，带路的人就不带我们走了。其实我觉得他们本人是无辜的，被一段历史残害，本身也是受害者。我们平时常会抱怨生活中的不如意，人活在世上最怕被孤立、被遗忘。有句话叫作'活着比死了还难受'，他们是体会到了。"我一下子被万少华的这两句话给镇住了，确实我们最怕被孤立，也最怕被世界遗忘。

"面对你们的到来，患者的反应是怎样的？" 万少华对我说，刚开始，他们去治疗时，大部分老人不配合治疗，他们觉得自己这个病反反复复几十年了，治疗也不会有效果，因此态度比较冷漠、偏激，有些老人甚至觉得他们是骗子，这也是让万少华团队里几个年轻成员感到委屈的地方。万少华知道是长年累月的病痛使患者的性格变得孤僻、偏执，因此，每次上门治疗时，面对患者难以愈合的伤口且散发的气味，万少华团队的成员都会仔细地处理。等上药包扎完毕后，他们也不会立刻离开，而是继续坐在老人身边，与老人聊聊天，讲一讲外面的新鲜事，并进行一些心理疏导。

"我现在基本会讲也会听一些衢州'土话'了。"我向他竖起了大拇指。慢慢地，患者从原先的抗拒转变为盼望，如今已把万少华团队当成了家人。"我们去了之后，老人会和我们讲自己家里的事情，有时候也会询问我们的看法。"万少华说。我想，只有通过长时间的不懈工作，磨砺心志，才会具备这样优秀的品格。每次与这样的医生接触后，我都会重新思索，思索医生这一职业的神圣性。

我又一次站了起来，说道："万医生，我觉得您真正做了一件功德无量的事情，您的团队的医疗救助给了患者生活下去的希望，同时也给了他们一份心灵的慰藉。有公益团体在关注他们吗？"这时候，万少华的眼睛一亮。"每年都有两三个爱心团队加入我们，帮助患者检修电器、维修家具，改善一下生活条件，买些被子、家电等，至少在冬天让他们觉得身体是温暖的。当然安全放在第一。"

"您是怎么克服在治疗方面遇到的困难的？"

"我们刚开始治疗时，没有很大的进展，患者的伤口也很难愈合。2012年，我们找到浙江省里的一些专家，让他们帮助我们。通过他们带来的技术，我们再根据这些老人的情况，给他们制订'烂脚病'的治疗方案，在此也得感谢衢州当地的媒体和《光明日报》的记者。他们在衢州待了半个月，跟我们一起下乡和病人聊天，从病人的角度报道整件事情。后来中央领导也关注了此事，2016 年，上海、北京的专家都来帮助治疗。"我听着松了一大口气，这是听到现在为止最好的消息了。

"现在在世的老人还有几个？"

"现在还有 11 个。"

"当时确诊的 39 人现在是什么情况？"

"11 个人在某个时间段是创面愈合的，我们通俗地称之为治好了，但是会反复发作。其他患者应该说是极大改善。"

"这也是非常令人欣慰的一个结果了。那么，对于未来，您有什么打算？"万少华略一沉思："我觉得现在大家都和一家人一样，都很有感情。而且说句实在话，这些老人跟其他病人不一样！这些老人也算是一段独特的历史，所以我们想在他们有生之年多为他们做点事情！不仅仅是治疗，因为现阶段的治疗已经达到一个比较理想的状态，我们也希望更多的群体来关注他们，帮助他们。"

万少华说到这里突然说不下去了，一阵哽咽。"我觉得这些老人是历史的见证者、参与者！他们值得我们去重视，去爱护。这也是我们作为下一代人应该做的事情。我们需要在治疗'烂脚病'之外的其他方面，包括生活上、精神上，多做一点事情。"

我站起来，望着窗外雨雾中的远山。山，绵延不绝；山，险峻挺拔；山，巍峨挺立。面对万少华，我觉得他就像窗外的山。沉稳是他的天性，不露声色地诠释着生命的博大、生命的肃穆、生命的庄严！最后他认真地留下了一行字："一个有仁心、有爱心的医生才会是一个优秀的医生！"成稿时，正是举国"抗疫"时，我无意中看到他为抗击疫情录的微视频，他说："有一颗心叫万众一心。致敬每一位勇敢的逆行者，心手相连，春天就要到来。"追忆专访时的每一个场景、每一句话、每一件事情，皆是充满爱的撞击的回声。

专访于 2020 年 2 月

第二篇

奔流洒络缨

许看山倚水，江听葵有声

——专访中国文联副主席许江

人物名片：许江，福建福州人。教授，博士生导师。曾任中国美术学院院长，现任中国文联副主席、中国美术家协会副主席、中国油画学会会长、浙江省文联主席。先后被评为全国中青年德艺双馨文艺工作者、全国宣传文化系统"四个一批"人才、浙江省特级专家、浙江省功勋教师。

在拜访中国文联副主席许江的路上，我的心里充满了兴奋和不安，积攒了近一年的缘分，在不平凡的庚子年相见，本身就代表着不平凡吧。

在中国美术馆前的咖啡吧里，我见到了许江。他那一双神采奕奕的眼睛，闪耀着光芒，看着是那样的和善、安详和睿智。许江非常谦和地请我喝咖啡。我对许江介绍了访谈的缘由后，我们便拉开了记忆的窗帘，聊了起来。

隆冬依从容，诗画绘明天

"您从事艺术创作已经几十年了，是什么缘由让您走上了艺术这条道路的？"只见许江侧头微微考虑了一下。"我们是改革开放时期成长起来的一代人。我是 1955 年出生的。改革开放 40 年时，我曾经说过：
'我们是和改革开放同呼吸同成长起来的，我们是最深的体验者，是在
不断的塑造、磨砺中成长起来的。'我有一个荒芜的少年时代，不上学
没书读，但是那个时代又是一个具有强烈视觉冲击的时代，黑板报等所
有的一切，以一种强烈、夸张的视觉方式给我一种震撼。视觉这种东西
有一种力量，可以使人振奋，这种强烈的冲击，可能就是最早在我心底
里埋下的视觉艺术的种子。

"1973 年，我高中毕业，开始学画，有幸碰到几位好老师。这些
老师非常朴素，他们在非常困难的年代，生活也是非常困难的，但他们
执着于对艺术的追求。我最早从他们那里汲取了一个艺术家的朴素的初
心，也从他们那里得到了早些时期的美术杂志，欣赏了一些艺术的作品，
了解了一些艺术的基本知识。"我看着许江，那双眼睛里充满了对知识
的渴望，我一下子仿佛看到了青年许江在老师家捧着美术杂志如饥似渴
地看着。

"您还记得那些老师的样子和名字吗？"

"这些等于在我心中点亮一盏灯的人怎会不记得？我还记得当时我
在福州中学读书时的美术老师，他得知我们一家人要搬去沙县，在我临
走的时候送了我一把铅笔，铅笔有 HB、4B、5B 等不同型号。我在那个
时候才知道铅笔按照笔芯的硬度、颜色分为不同的型号。老师说我这辈
子可以靠画画谋生。临走的时候，他还教我写美术字。到了沙县后，我
就靠着这一手美术字出黑板报，可以画不同样式的报头，画得最多的就
是向日葵了。现在还记得这 20 米长的黑板报。"

"20 米？"我惊讶地喊出来。

"是的。"许江肯定地点了点头，"与另外一个人，我们 2 个人一

许江和作者在展厅里合影

个上午都在画黑板报。花边、标题各式各样，那个时候还画了一些报头。现在回想起来我们很幼稚，但是那个时候画好一张画，心里还是很高兴的。有一些画到现在还会依稀浮现在脑海里。到了高中毕业，我回福州见到了我的美术老师，老师给我看素描，给我看美术杂志。一直到今天，我仍会跟我的学生们谈起我小时候的事情，那个时候的杂志印刷水平是很差的，但是这些杂志是我的艺术启蒙读物。"

刻画中西艺渠里，糅合古今自然间

"1978 年，我考上了中国美术学院，那个时候叫浙江美术学院。

我心里是多么激动啊。那时候的学院不像今天这样，校园很荒凉，学生很少。"

"哇，您是恢复高考后的第一届大学生啊，那时候考大学简直是千军万马过独木桥啊。"

"是的，有这么一说。"

"那时候的中国美术学院是什么样的呢？"

"那时迎接我们的是野草、长亭、老楼、长廊。我记得进校的时候，浙江美术学院有一半被京剧团、歌舞团占了，我们占另外一半。京剧团的人练歌、练功、练舞蹈，经常打扰我们，所以那时候我们和剧团演员经常打架。"

"后来怎么样了呢？"

"后来我们就把他们'请'走了，有了完整的校园。你看，尽管当时学校条件差，我们仍然视学校为天堂，因为美院有它的历史，因为美院有一批好老师，因为美院在西湖边，所以我们来到学校时，心中充满了希望。

"那时我们开始了解艺术背后的故事，开始了解世界。我印象很深的是，1979 年冬天，学校省下买汽车的钱在书展上买了一批国际画册。这些画册可能现在连我们一个普通学生都买得起，但是在那个时代，这些可是宝贝。这批书拿到学校之后怎么办？把它们放在展厅里，放在书柜里。每一天翻开一页，然后再锁上。我们大家就争先恐后地去看西方的美术是怎样的。学校将书画册以展览的方式一日一页展示，把西方美术史通过这样的形式展示给我们，这大概是世界上少有的。我们那个时候最佩服、最羡慕的就是管书柜钥匙的老师——郑圣蝶，他可以亲手去摸画册。现在我把这些画册收集起来，放在书橱里，希望我们的学生能够意识到当时学习、了解西方美术史的不易。可能他们现在还意识不到，但是到他们中年时肯定就会意识到，这就是那个时代的学习氛围。"

"那时的学术氛围是怎样的？"我好奇地抬起了头。

"你可能不太了解，那个时候不像现在，动不动就办一个展览或者专题活动，那个时候很少。所有的学术活动都是靠同学们自己寻找，自己酝酿，夜晚灯火通明，不像现在学校晚上都黑乎乎的，我给教室装了空调学生都不来。"

"之前的写生条件确实艰苦。我记得小时候冬天特别冷，夏天特别热。"

"那时候，我们没有空调，甚至连电视机也没有。晚上教学楼灯火通明，一楼学生正在轮流做模特画肖像，二楼老师正在讨论今天交上来的学生的插图有哪些问题，三楼学生在画人体，就是这样，然后9点半熄灯，学生回到寝室，继续白天的争论。那个时候学术氛围特别好。"

"您还记得当时的一些学术活动吗？"

"自然记得，甚至还记得当年有一些很重要的讲座的内容，比如维克多·雨果的《巴黎圣母院》。那时候老师跟我们讲雨果作品的意义，以及一个个小说人物的隐喻，比如：军官隐喻什么，他为什么穿红色的服装；教士隐喻什么，他为什么穿黑袍；卡西莫多隐喻什么。我印象很深，老师给我们讲了2个晚上的雨果。后来我们又看了《悲惨世界》，慢慢地了解了法国19世纪的文化，了解了法国文学，等等。还有一件事令我印象深刻，我们的语文老师章祖安，他上课讲话很风趣，更有意思的是他讲话的时候，声音抑扬顿挫，一开始讲得很响亮，为了让你仔细听，后面几个字故意说得很轻。效果很好，我们都被他吸引了。"

我笑着说："许院长，我都被吸引了。这样子讲课太有趣了。"

"还有更有趣的呢，他们家是武术世家，讲着讲着，就会'啪'地站起来。他还给我们讲美学，让我们知道美包含雄伟之美和优美之美。后来，他又跟我们讲孔子和《论语》，我们很惊讶，他对中国古典文学很了解，对西方美学也很了解，那时候，我们如饥似渴地汲取各种文化知识。

"那时候我们在农村都是偷偷读书，考上大学后，激情在这样的氛围中燃烧了起来，便形成了浓郁的校园学术氛围。这时候校园里凝聚成一种力量，成为'85 新潮'的一个端倪。"在回忆中，许江的眼睛时时闪着睿智的光亮。

"'85 新潮'？"

"因缘际会，刚好在 1985 年前后发生，甚至影响至今。改革开放之后，大家从不知道如何发展的思考和徘徊中了走出来，有了一种中国文化的表达方式。同时，我们最早的一代已经毕业了，新一代进入学校，他们对西方的了解、对时代的了解要超过我们这一批人。所以这时候在校园里兴起了一种改革的力量。

"那时有 2 件非常重要的事情。1986 年，时任浙江美术学院院长肖峰邀请保加利亚艺术家万曼在浙江美术学院成立万曼壁挂研究所。万曼曾经参与 20 世纪 70 年代欧洲现代壁挂艺术变革，是一位现代艺术家，作品具有强烈的现代感。在研究所初创时期，全校选了十几位老师，跟着万曼学习壁挂，一起创作了一批作品。1986 年 7 月，在洛桑'国际壁挂艺术双年展'中，谷文达的《静则生灵》，施慧、朱伟的《寿》，梁绍基的《孙子兵法》3 件作品代表中国艺术作品参展，这也是中国当代艺术第一次登上国际大展舞台，在世界上引起轰动，从而开启了中国现代纤维艺术研究的新纪元，这也是中国现代纤维艺术走向世界的零的突破。

"这个事件其实不仅教会我们搞壁画，而且告诉我们中国艺术发展之路在哪里：一要面向世界，二要抓牢中国自己的传统。因为所有作品都是在中国传统里找到的灵感，这是一种原创的东西，把它转化成现代壁挂语言，走向世界，在那个时代是非常新的。万曼给大家上了一课，使得中国美术学院在那个时代就已经清楚地意识到中国文化的根源对于当代创造的重要性。

"第二个事件就是赵无极先生回到母校，举办了一个集训班。短短一个月内，来自全国各地的十几位老师和毕业班的二十几位学生跟着赵无极先生一起画画。赵无极先生所讲的很多知识都带有很强的中国文化内涵，比方说画画要讲呼吸、要讲虚实、要讲整体，这些给大家留下了很深刻的影响，原来以为西方的当代艺术有什么灵丹妙药，后来发现其实还是要回到自己的传统里发现有生命的东西。赵无极先生离开的时候，学校为集训班的作品办了一个展览，展览的前言是我写的，那时我也是这个班的成员。从某种意义上说，我可能是把赵无极先生的美术精神吃得最透的一个人。

"1985年前后发生的这两个事件在我的成长道路上是非常重要的，在中国美术学院 20 世纪 80 年代的发展中也是非常重要的。这两件事让大家看到了年轻一代的闯劲，看到了中国改革开放之后所呈现出来的一种力量。"

感受许江至今难以忘怀的中西方美术文化世界带来的冲击力，仿佛叠印出一个充满生命律动的世界，让人生发出许多投射了审美联想的幻觉，以东方传统为根基的抽象形态绘画，是中西艺术在精神上的一次交融。

饮如长鲸吸百川，挥毫落纸如云烟

"从中国美术学院毕业后，您就留校了吗？"

"不是，刚毕业时，我回到了家乡福建，2 年后又回到学校任教。"

"相当于您几乎参与了中国美术学院发展和建设的全过程。"

"有时候，我也担忧走得太快，会受到西方艺术的一些负面影响，但是这个过程中体现出的活力就像改革开放初期一样，对整个艺术的发展起着一种强力的推进作用。1988 年，学校安排我去德国留学。"

"那时留学机会很少啊。"

"对！非常少，我这算是校际交流。"

"到德国学习交流，令您印象最深刻的是什么？"

"最深的印象有 2 个。我在德国生活，在西方文化的氛围中生活，一方面，我感受到西方文化，了解其内在，一生受益，包括我的教授、学生，以及他们的学习、生活和追求，都是一种教育。另一方面，德国对于汉学的研究，可能是世界上做得最好的一个国家。"

"是吗？我还以为是日本呢。他们非常痴迷汉学吗？"

"不是痴迷，是喜欢汉语，喜欢探寻，以至于像我这样学习西方的东西，他们不能理解，他们觉得我应该学习本国文化。这其实有好的一面，让我们重拾文化的信心；也有不好的一面，就是他们认为我们不要来搞他们西方这一套，我们搞他们西方这一套，我们永远追不上他们。完全按照他们的说法，我们今天都不要去发展数字经济了。我只能说，取其精华，弃其糟粕。还是要学习他们好的方面，包括艺术。他们对中国文化十分喜爱。我的教授要写书法，没有毛笔怎么办？他用一条很长的鞋带，沾上墨水，印在画布上就变成了一幅书法作品。问我的时候，我也坦率地说他写的徒有其形，根本不是书法。他反过来说我画的油画，在西方人看来也是这个效应。一种文化的移植确实很不容易，首先得对欧洲有个直观的了解，包括他们的历史，他们的现状，他们的知识阶层，他们的精神。

"我在德国的时候，跑得最多的地方叫'天地书店'。当我被派到德国学习当地文化时，我却在书店里津津有味地读着中国书法、中国文化。"许江那双安静的褐色眼睛，带着诗人的遐思、画家的激情、理论家的敏锐，如同远方深深的海洋。

"在德国，您的艺术眼界变得开阔了吗？"

"在德国，我做很前卫的艺术，我下中国象棋，我用自己的方式来下中国象棋。我曾经下过一盘很大的棋。天地为棋盘，人为棋子。让人在广场上走棋。我为什么要下这盘棋？"

"为什么？"我非常好奇。

"因为有一次和中国同学下象棋，边上的德国人看不懂，他们只会下国际象棋，不会下中国象棋。有一个人说了一句话，'我的天哪，简直是上帝之弈'。所以我做了一个很大的关于下棋的装置'神之棋'，后来产生轰动影响。在那一年学校的毕业展上，我就下了一盘棋，用每一个棋子做作品，主要是演绎东方与西方的文化互相对抗，又互相依存。那是 30 多年前下的一盘棋，今天回想起来感慨万千。后来还专门用这种下棋的形式办过展览。"

我想真正的艺术家是能给人以美感和启迪的，只有有眼界的艺术家才能根据内容的要求，创作出形式与内容统一且鲜明生动、感人至深的作品来。

"在回国前，我去柏林看了一个展览，那时候柏林墙还没倒塌，这个展览的题目叫'溯源'。艺术要回到原点。这个展览的海报令人终生难忘。展览的地点在柏林墙边的一家医院里,这里以前是修道院。艺术家从柏林墙两边的养蜂人那里买来蜜蜂。他做了一条巨大的管道,一边接通西德的蜜蜂,一边接通东德的蜜蜂,展览开幕的那天,一打开东西两边的管道,两边的蜜蜂通过管道向中间飞去,这位艺术家裸露上身,把身体伸到管道里,蜜蜂迅速地飞满了全身,一个个被蜜蜂蜇的包看着非常刺激。这就是他的海报。那种被蜜蜂蜇的痛,那种刺激,我想看到的每个人都能感受得到。40 多天后柏林墙倒塌,柏林墙两边的人民走到了一起,就像蜜蜂蜇在了德国历史的身躯上。这件作品给我以很大震撼,而 40 多天之后柏林墙的倒塌给了我一个更新的、更深的震撼。"

"这位艺术家太令人震惊了。"

"2000 年,我拿到教育部一个为期 3 个月的研修计划,我申请到柏林的艺术中心工作,就是之前那位艺术家办过展览的修道院,现在已经变成艺术中心了。我就去那个艺术中心工作了 3 个月,那时候我想着一定要在那里办一个展览。3 个月以后,我在那里办了一个展览,把柏林墙和长城做了一个对比,中间是一盘中国象棋。这盘棋有几个部分,一开始的时候这盘棋的楚河汉界是一堵墙,后来被慢慢地拿掉了,最后这堵墙成了一条沟,墙虽然不在了,内心的沟壑却有了。这个展览的题目叫作历史的风景。当时艺术中心的主任说,历史没有风景,他认为是病句。他是从政治学、地理学角度说的,当时我还不是很理解。现在明了其间的含义了。

"回国以后,我创作得更多的是绘画。那时候,我都是以俯视的状态来画北京、画上海,全部都是从高空往下看。看到的不仅仅是一个城市的现在,而且是城市的历史,城市的历史和城市的地形捆绑在一起。"

我震撼于许江能够以油画为媒介，以传统文化为脉络，让欣赏者能够从中读懂画作的内涵、信念和情感。

目既往还，心亦吐纳

"您是 2001 年当上中国美术学院院长的，能否聊聊当院长时让您印象深刻的事情？"

"对，我是在 2001 年当院长的，令我印象深刻的就是学校扩招。本来，我们想在原校区扩建，所以我们先搬到滨江区过渡。在条件很差的情况下，我们扩招了，后来还要继续扩招，那么我们在转塘新建了一个二级学院，就是象山校区，第一年招了 1200 人。当时我就强调我们不仅要盖房子，而且要培养一批设计师，王澍就是那时候培养起来的。"

"您从 2001 年当上院长以来，在行政管理上有没有让您印象深刻的事情？"

"回首做院长的这些年，令我印象深刻的事情太多了。其实就是想点亮一把火，而不是端平一盆水。点亮一把火，让大家富有激情，让师生富有激情。当院长期间，每一年的开学典礼和毕业典礼，我都要给学生们讲话。去年，我从岗位上退下来的时候，学院的老师们将我这 10 多年在毕业典礼和开学典礼上的讲话出版成书。这一本书就叫《大学望境：2009—2020 开学、毕业典礼致辞》。'大学望境'是我提出来的一个理念，对孩子影响最深的就是大学，大学的环境其实就是一种大学的山水。学生在这里的 4 年、7 年或者更长时间，实际上就是一个人的山水画。大学用它的山水，用它的风景，用它的环境，用它的人来人往构成了一幅山水图。望境是一种远境、一种问境，还是一种心境。

"很多人说象山校区的设计很漂亮，我说错了，谈不上漂亮，但是有内涵。象山的 22 个建筑单体有很多的门窗、走廊、楼台。在这里，风景成为心灵的远望：学生们从这里远望西湖、远望青山，看到自然的四季，进而看到青春的四季，养成和静内美的品性，独与天地精神相往还。我们当时都说他们在山里头看到一个遥远的、陌生的自己，所以望境的建造、望境的精神培养是我们真正要留给学生的东西。学校教学通过校园的设计、望境的建造，悄悄地形成一幅山水画。"许江的眼睛里饱含着慈爱和期待。

"从 2001 年到 2019 年，每一年都会有学生代表给我送纪念品，有成名艺术家的作品，有在中印边界服兵役的军人的军功章，我当时感动得掉下了眼泪。还有一件令我感动的事情，在我快退休的那几天，学校有一个花匠拼命往我的办公室送绿植。他说他其实并不认识许院长，但是听说院长要退了，想让他办公室里这几天充满生机。我很感动，真的。"

"说明您是真真正正做到了陶先生所说的'捧着一颗心来，不带半根草去'，真正把心用在学校的每一寸土地、每一个学生的发展上。"

"我刚才讲过我们这一代人，我们小生命的节奏和历史大气象的节奏踩在了一起，能够既'土插队'又'洋插队'的人不多。'土插队'让我们知道中国真正的贫穷，'洋插队'让我们知道中国和其他国家的距离，我都踩在了节拍上。当好跨时代的校长是义不容辞的，须跟上大时代发展的节拍。"其实许江一直是通过校园设计来表达精神层面的东西的。"望境"的内容只是载体，精神内涵才是他真正想要培养的。

画葵数载方卓然，君悟葵语惊四筵

"担任中国美术学院院长一职对您的艺术之路有影响吗？"

"给予我的艺术创作时间少了，但是我还是一直在艺术的道路上探索着。有一年，我们策划了一场大型活动，叫地之源文化考察。那个时候还没有提'一带一路'倡议，我们率先进行了亚洲文化考察，我们选了5个城市，派了5支队伍。我考察的是伊斯坦布尔，是一个海峡之城，它中间有一个博斯普鲁斯海峡，东边是亚洲，西边是欧洲。所以伊斯坦布尔是一座横跨欧亚的城市，我们要到那里去考察亚洲的文化地缘关系。

"去了以后，我有了终身的收获。在一个黄昏，我看到了一个葵园，向日葵已经干枯变成了褐色，和它脚下的土地一样的颜色，铁铸的一般。夕阳西下，我感觉这片葵花像一群老兵正在等候最后一道军令，我当时特别感动，拍了几十张照片。邱志杰曾经写过一句话，'许江奔向葵园，从此再也没有回来'。那天晚上我们住在一个地方，第二天我才知道这个地方就是特洛伊古城。我们讲的'荷马史诗'中的古城也在这里。

"一处古迹和一个葵园形成一种强烈的冲撞，在我的心头点燃了所有关于葵园的记忆，突然赋予了我一种历史和生命的现场感。回来以后我就开始画葵园。"

"您的描述太有场面感了，非常震撼。那您画葵已经有17年了。"

"对，17年了。"

"所以从那时起，我从天上回到了地上，我从理念回到了绘画，同时又从综合的材料回到了绘画，所以我的艺术成长之路是一条逆行式道路。艺术史是从绘画发展到材料，从绘画发展到理念，而我们这一代中国艺术家，因缘际会，居然往回走，回溯自己的根源。

"葵让我找到了一个感性的基础，我们这一代人特殊的内在的东西，得到了感性表现，得到了一个解题途径。

"所以十几年来，我去过无数的葵园，春葵、夏葵、秋葵、冬葵，一望无际的万物，十几万亩的葵园，雪葵、夜葵我都看过，中国人强调深扎本根，向往且喜欢群居生活，四方伸展、向心归属等。

"《诗经》中有 2/3 的内容写的是草木，草木即人心。面对草木，中国诗人从来没有停止写诗；面对草木，中国人会有一种特殊的憧憬，把万事万物都放进去，在那里，他们与心灵相会，形成一种生命的写照，我就是通过葵来反映这些的。葵可以有无数的故事，我不断地画葵，一次次地画葵。我的朋友告诉我中国葵花最多的地方是内蒙古，内蒙古有一个叫巴彦淖尔的地方，淖尔就是小岛的意思，充满珍宝的小岛。"此时，许江一双泉水般纯净的眼睛里充满光亮。

"巴彦淖尔？"

"我问朋友，他说在黄河'几'字的左上角。中国的地图很有趣，黄河穿过兰州一路向北后，被内蒙古的大青山挡住，又开始向东，后来又被挡住，过了呼和浩特又一路向南被太行山挡住，又一路向东最后穿过山洞，流进渤海，这就是中华民族的母亲河，黄河。这是一个伟大的地理标志。

"当我站在黄河边巴彦淖尔的十几万亩葵园里的时候，我感觉自己是一只跳蚤，仿佛我不是站在一个葵园里，而是站在国家地理的标志之上，所以这一次我在白马湖畔的展览主题就是'花的山河'。

"黄河流经千里，经历万年。它是一段历史，它是一个民族的生命。

我们浙江海盐五味村有一个葵园，我去画过几次五味葵。

"还记得有一年刮台风，台风过后，我说我要去看看五味村的葵，别人说不能去，现在一片狼藉，我说还真得去。到那里一看特别感动，葵被台风吹得七倒八歪，但是总有几枝葵坚强地站着。整个场景都好似告诉我们在没有人的夜晚，这些弱小的葵如何和台风抗衡，我把这场景画下来，放在白马湖畔的展览馆里。

"这几年，我的葵其实在不断地被拓展。葵有2个特点，第一，它是群化的，都不是一朵两朵，是几十朵、几百朵站在一起，那时候你会被它们感动，它们在那里真正地呐喊。

"在2010年办展览的时候，有一个观众写了一句留言：一枝枝葵的残破，那是残破，一片葵的残破那是一个季节。还有一句留言是甘肃张掖人写的：我们张掖人收葵拿了一把剪刀，把葵头剪下来。冬天没有头的枯干，在寒夜中瑟瑟抖动，那叫作苍凉。

"第二，我们大家看葵都看到它阳光灿烂的那一面，没有看到它艰辛的这一面。葵自带沧桑感。"许江一双炯炯有神的眼睛里，充满了人生经验、情感和火焰。

"确实，我也很喜欢养葵花，觉得葵是阳光的、向上的，真的忽略了它灿烂背后的艰辛和苍凉。"

"您的葵一般可以养几天？"

"能养一周就很好了，夏天只能养两三天。"

"我的学生送我葵，我把它一半插在冷水里，一半插在开水里，插在开水里的花十几天以后还在，但是插在冷水里的却只鲜活了两三天。"

我惊讶地叫了出来："真的？"

许江在介绍作品

　　"2018 年在上海民生现代美术馆，有一个大厅，30 米长、30 米宽、18 米高，我把 1600 枝 6.5 米高的金属葵放在了展厅里。

　　"红色的灯光，苍茫大地一片醉意，好像我们自己站在那里。"我抬起头对许江说："我可以想象这震撼的场景，6.5 米，大概 2 层楼这么高，太有力量了。"

　　"中国文化的精神不仅存在于我们的传统，还包括我们吸纳四方、吞吐万象的创新能力。这一种中国精神，它不仅仅活在我们的传统中，而且活在我们的日常生活里；它不仅仅活在那些语言的符号中，而且活在我们身体的内部；它不仅仅活在表面的现象中，而且活在那些不可见的深处；它不仅仅活在我们一起的记忆当中，而且活在我们群体的生命经验和历史记忆中。"许江激昂诠释的中国精神令人心潮澎湃。我飞速地转动着笔尖。

　　"现在教育部准备做几个'大讲堂'。其中'艺术大讲堂'叫我带头，我就准备讲中国精神。"

　　"这太好了，我们年轻一代不缺物质，就缺精神，缺脊梁。"

　　临别时，许江清了清嗓子对我说："我邀请你到白马湖畔参观'最葵园'。"

　　"一定，'最葵园'不见不散。"

悠悠天地间，此葵与人共

　　一个周末的下午，我去参观由中国美术学院、中国油画学会、浙江省文学艺术界联合会、中共杭州市委宣传部主办，由中共滨江区委宣传部、杭州市白马湖生态创意城管委会、最葵园艺术中心承办的"花的山

《葵颂六章》《花的山河》《葵园辞典》

河——最葵园艺术中心首展"。一进展厅，就看到一列列耸立着的葵，这是一组名为《共生》的雕塑。葵像列兵闻哨集合般精神抖擞地立在那里，每一根都有五六米高。我仰望着这些静默而深沉、辉煌又苍郁的葵，它们仿佛是一代代人的心灵记忆。或许"十七载履远而归，最葵园只若家园"。他，终拥有了专属葵园。

这里仿佛就是他的天地，也是时光最温情的回赠。许江带着我们走进展馆的第一层，一张张葵的油画扑面而来。"我画葵园已有17个年头。大大小小的展览办了十几次，足迹遍布国内、国外。不同的画册也出了十几本。抚今追昔，一条漫漫的葵园路在心中绵延伸展。这个展馆里有归乡的静谧，也有远游的感怀。"许江说。立于展厅，他挥舞着胳膊，向我们描述着他与葵的故事，言语之间豪情荡荡。看着许江，我觉得，这里是回忆与集聚，更是某种意义上的重新出发。油画里的葵，看似生命力顽强，许江言语中的葵，依然向阳花开。历经山河变迁，岁月人间初心仍在。"葵在疏野与苍茫中，以顿然的方式，激活葵园的沉寂。"许江说着。我"咔嚓、咔嚓"不停地摁着相机的同时，一幅幅黄昏映照、春夏秋冬、喜怒哀乐的葵，就成了天地之间的永恒镜像。每一个参观者的人生体悟穿过葵盘，蹚过葵林，走入山重水复最终葵暗花明的大道间。顿然觉得，许江画笔之下的葵，已经超越了他个人的吟哦、回忆、共鸣，是历史的、时代的、共生的国人的群像和命运的写照。许江的画作既有厚重的历史感，又有明快的现代性；既有葵的沧桑感，又有葵的活泼性。许江通过对葵的理解，在一幅幅以葵为主题的作品中注入自己的感情，

展厅里一幅幅关于葵的作品

堪称有灵魂的作品。

一楼深处九宫格屏幕里流淌着许江握葵、读葵、解葵、画葵、锻葵的情景，玻璃窗空间的交互与巨幅血色夕阳下的葵景令人震撼，而许江锻葵的敲打声，更是心灵深处的梵音。站在二楼俯瞰一楼的一丛丛葵，那时觉得花的山河，实则应是心的山河吧。我看着一幅幅葵，仿佛可以透过葵来认知这个世界。葵在岁月中灿烂、衰败、重生，从辉煌到苍凉再到萌发，葵园只在静默中，生命的顽强在岁月中淋漓尽致地展现。

2006年迄今，许江带着他的葵，先后在中国美术馆、上海美术馆、中国国家博物馆、中华艺术宫、山东美术馆、美国肯尼迪艺术中心、德国德累斯顿国家博物馆、德国路德维希博物馆、俄罗斯国家博物馆等国内外知名机构展出。

17年来，许江自己画葵、种葵、谈葵、忆葵、咏葵，最终在最葵园进行了一场艺术家履远后满载而归的展示。他是借葵来表现，表现人的生命，表现人的成长，表现人的沧桑，表现人的力量，令人荡气回肠。"葵颂之歌"是这样写道：

> 踏着葵的踪迹／放牧葵的山河／地平线在硕盘上的延展／肩挑无尽的日升日落／那山河生育海岸的雄拔／那山河砥砺漠壁的干渴／那山河构筑太行与黄河并行的巍峨／那山河拥有亚洲大陆所有的浩水高坡／太阳呵／葵是你的大地／是你的山河／是你中心如醉的颂歌。

在心潮起伏的吟诵下走出展馆，几个由红铜锻塑而成的葵盘，重量都在2吨以上，分散在展馆外面。望去，像生命的历程和力量嵌入最葵园。那里，春雨斜斜，夏雷阵阵，秋风飒飒，冬雪冽冽，但葵仍耸立着，仿佛一种期待、一种坚守。和许江握手告别时，钟声远荡，空谷回响，我就想到一句话：悠悠天地间，此葵与人共。

专访于 2021 年 1 月

一生真实悟清境，十分情怀写岁月

——专访当代小说家麦家

人物名片：麦家，浙江杭州人。曾任浙江省作家协会主席，现任中国作家协会副主席。麦家是目前国内外最具知名度的汉语作家之一。小说《暗算》获第七届茅盾文学奖；《解密》被翻译成多种语言，被《经济学人》评为年度图书，英文版被收进英国"企鹅经典"文库。有人称他为"谍战小说之父""中国的丹·布朗"。

一连几天天气都阴沉得很，今天阳光晴好。下午，我乘高铁欣然奔赴位于杭州的麦家老师的工作室。来得早了点，于是在西溪处先落脚。时隔3年，这普普通通的树木和波澜不惊的水面让我心情十分舒坦，伴着暖暖的阳光，走在石块平铺的小道上，低头一看，石块上刻着各种书法形体的福字。远处便是西溪的群山了，我感到神清气爽。我就这样走着，看着很多年轻夫妇带着小孩散步晒太阳，这是大自然赐予我们最纯净的风景。

走着走着，一转眼我便来到了麦家理想谷前。由于麦家在接受其他媒体采访，于是我再次踏入理想谷。理想谷提供免费的书籍阅读但并不售书，进书店前，你需要套上店里提供的鞋套，将手机调成静音，而且此处也没有 Wi-Fi。一进门，你便会被书店内的氛围所震撼，你能听到的只有翻书声。大家都在关注自己所看的书，好像没有察觉有人进门似的。

门左侧柜子上的书籍是麦家推荐的书籍，并且麦家给每本书都写了评语。前面就是一张大桌子，供人摘抄写作。每个书柜上都用不锈钢板刻着书籍类别，你很快就可以找到自己想要的各类书。右侧则是中国古代经典文学。地方不大，但书籍应有尽有。麦家把自己喜欢的书籍放在瑰红色的书柜里。直到听到有人从楼梯上下来，我才意识到宝藏还不止一处。但是我没有再上楼，转身走了出去，怕这声响影响到看书的人。有位作家曾经说过："我们生活在都市的现代人一年四季都在恒温的大楼里，是感受不到四季的。"但在这里，我明显感觉到了内心片刻的清净。

草色人心相与闲，是非名利有无间

3点光景，高挑的麦家夫人闫颜女士出门迎接我。我是第一次见闫颜女士，只知道她是嘉兴人，对于麦家有着多重的身份，夫人、孩子的妈妈、助理。一见她，我就觉得她犹如西溪湿地阳光中绿绿的竹叶，清爽。坐下来，当她得知我从嘉兴来，更是亲切。原来闫颜是山东人，自小随父母到了嘉兴。话题自然就转到了我今天要专访的麦家。闫颜女士和我交谈着麦家的点滴，我想写作说到底是向"时间"致敬之道，麦家相信纯粹地享用写作时间的力量能激发创作的灵感和热情。

正想着，麦家走了过来，那一双眼睛明亮、深邃。我连忙起身向麦家问好，正想自我介绍，居然听麦家说："啊，是小沈吧，我认识，嘉善的吧，2014年我们还一起参加过运河采风活动，你当时还是腾讯公益微博平台的策划者。"我非常惊喜，没想到麦家还记得我，忙不迭地说："谢谢，谢谢。""今天天气阴冷，你们可要注意哦。可以到里面坐坐。"他的眼睛虽然总是淡淡地看人，却有说不出的明亮。刚想继续聊，他忙不迭地站起身，充满歉意地说："第二波采访又要开始了。"于是转身匆匆离开。

等麦家回来后，外面逐渐变得阴冷，他执意让我进屋子。刚进屋子，我有些不安，麦家是作协主席，也是我心中的写作标杆。看着坐在对面的麦家，弓形的眉毛下，眼神略显疲惫，我由衷地说道："抱歉，您已经累了，还要留下来。您对我们中青年写作爱好者影响很大，我在2015年获得'新荷人才·潜力作家'时还是您给我颁的奖。当时在颁奖典礼上，您说'3年之内如果不坚持写，不坚持阅读，那就什么都不是了，文学路上不出现你的影子，那么你就会被遗忘，现在评到什么也是虚无的'。"

"你倒是还记得，确实，一个作家如果不写作，就是空的。我说过，阅读是写作的基础，是写作的老师。"

"像您这样真正地爱好文字的人都是很纯粹的，不受名利的干扰和束缚。上课的时候您对我们说，要多读书，多写，有一句话是'读书就是回家'，我至今印象很深，后来做了理想谷的主题语。"麦家微笑着对我点了点头。我面对麦家还是有点紧张，不过看到麦家以同样诚挚的目光看着我，我感受到他的随和，坦然地和麦家聊了起来。

纸上得来终觉浅，绝知此事要躬行

当我问麦家大概是在什么时候开始写第一部作品时，麦家两眼注视远方，出神似的凝想着，对我说道："我第一次写长篇小说《解密》是在 1991 年夏天，当时按时写完，但是后来这个书出版是在 2002 年前后，从 1991 年到 2002 年，你肯定会想，这本小说肯定出了问题了，这么长时间才出版。其实就是因为反复被退稿，被退了 17 次稿，可以说是历经挫折，所以我经常跟人家说，你不要带着成名、成家的念头来写作。"

麦家还对我说："如果有很强的功利心，最后会被伤害的。11 年 17 次退稿，拖拖拉拉 11 年，如果你只是为了成名成家，这 11 年对你伤害有多大？但是我是以写作为爱好，就不觉得有什么伤害了。因为我本身就要做事，别人在打牌、看电视，我就喜欢写作。虽然写作是一件可能产生名利的事情，但很难。像我这样子，应该是属于祖坟冒了青烟，可遇不可求的。这不是一个大家都可以去追求的目标。

"我能够走到今天，确实是各种机缘巧合使然，它不能成为一个人追求的目标。这真是上天的恩赐，但是我觉得人总是要有爱好，是吧？我觉得别人爱好音乐，别人爱好体育，我爱好文学。没错，爱好是生命的一种必需品。首先需要有一个写作的爱好，然后爱好文学，你去研究文学，让你的爱好变得更加专业，更加深入，是吧？"

听了麦家一部作品被搁置 11 年而他都没有放弃走文学创作之路，我很受启发。"那么在成名之后，也就是当各种名利接踵而来的时候，您是如何对待的呢？"麦家看着我点了点头："这个问题倒是一个非常实在的问题，我自己确实也有感受。"

"我曾经跟人说过成名前要守住，成名后更要守住。这个时候你要稳住自己，不能为名利所累。说说容易，其实很难。我就是这么想的，也是这么做的，很多人做不到。比方说我想着一年拿几十万元出来弄一个对公众开放的、免费的阅读平台，这就是一种让大家来分享我的名利的方式，是吧？我个人想法其实很简单，我的所有名利都来自文学，然后我拿出来一些还给文学，我觉得内心也是一种平衡。再举个例子，当浙江省作家协会主席，可能也是满足虚荣心的一种方式，毕竟是做了一些事情的，但是我觉得人不能图虚的，这些都是跟写作相违背的。"

　　所以麦家还是选择换届时退了下来，应该说是下了决心，但是要走出这一步还是比较难的。麦家对我说："事实证明，我们整个换届工作做得比较好，最后也没出岔子。虽然很多人都跟我表达了他们的遗憾，但是确实没有完美的事情，只能互相退让，互相谅解。我觉得我今天退下来，其实不是为了其他目的，不是为了炒作，就是想安下心来，多写一点东西，因为我估计写作的黄金时间可能最多也就 10 年。10 年以后，我都好几十岁了，估计怎么拼命也都没今天写得好。这是一个生命的自然现象，我觉得还是要珍惜有限的写作时间。"麦家说完这席话，深深地看了远处一小会儿，又看了看我，说："一个作家最终是要用作品说话的。"我深深地点了点头，很遗憾，很心痛，很感慨，更有一种对文学的坚持的感动。看着麦家的眼睛，我觉得他那双眼睛和夜空一样深邃、神秘，又仿佛可以给我们展现出许许多多的大气、谦让、淡泊。

　　想到了他刚提到的公益阅读平台，我随即问麦家："麦家理想谷怎样酝酿理想？"麦家老师一脸温和地说："我在 2011 年就开始策划，2013 年开始装修。理想谷是一个可以互相交流、改稿或者写稿的地方。"麦家说这里有 2 个房间，文学爱好者可以带着自己的写作计划来到这里，反正免费提供桌椅，好多文学爱好者来之前从来没发表过文章，但到这儿以后，断断续续地在《西湖》《江南》等杂志及网络上发表了一些作品。

　　"有成为大家的吗？"

　　"当然没有成为大家的，哪有那么容易成为大家。这里主要是一个公众阅读的平台。因为我总觉得作家不是每个人想当就能当，我也从来不鼓励人去当作家。"这时的麦家很严肃。

麦家理想谷是注入理想的地方，是追逐文学梦的地方。我们生活的意义在哪里？待在物质牢笼里太久，很多事态的发展与自己的初心背道而驰，留给内心片刻清净的时间太少，到了麦家理想谷后都觉得欣喜并且震撼吧！

不积跬步，无以至千里

这时，我想起麦家 2014 年和 2015 年 2 次为我们新荷人才·潜力作家讲课时总强调读书的重要性。他对我们说，如果想成为在写作上有点成就的人，除了写就应该读书。这些话我牢记于心，于是我问他："麦家老师，除了写作时间之外，其他时间您都在看什么书？"

麦家喝了口水，眼睛又闪亮起来，说道："我觉得读书是每一个人的事情，每个人都可以去追求，可以去争取。读书，先于写。我觉得一个作家首先需要成为一个读者。写作是一个创造过程，但你如果不会去欣赏别人的作品，怎么可能创造出好的作品。所以写之前，你首先要学会成为一个有想象力的读者、资深的读者，才有可能去当一个有创造性的作家。所以我经常跟人说，阅读是写作最好的准备。同时，写作也是写作最好的老师。如果你真想写作，你必须写东西，理论再怎么学都没用，你自己得反复写，反复淘汰，在这种跌爬滚打的过程中学会技巧，因为写作不是数学、物理，有公式可循，可以演算，写作是一种自己慢慢觉悟的过程。

"这种觉悟的过程要靠反复地察味，可能更需要反复失败。我觉得做一个读者更开心，更具有普遍意义。我现在花大量的时间在阅读上，因为阅读的过程对于一个作家来说就是磨刀的过程。磨刀是不误砍柴工的，为下笔如有神做准备，这样写出来的东西才会和别人不一样。这种不一样需要一段长时间的酝酿和寻找。你如果想得远，那么写出来的东西肯定更不一样。写作到最后其实还真的不是比语言，它是比见识。见多识广的人，写的东西可能会让更多的人喜欢。因为文章里面表达出来的人生理解、人生感悟，有时候会更温暖，更能照亮人心。如果你本身都没有读者的高度，怎么去照亮作品，照亮读者，是吧？所以你必须站到一定高度，或者钻研到一定的深度，去发觉一些别人平常没有发现的东西。做一件事一定要找对方向，然后才是坚持、坚持、再坚持。要走自己的路，让别人跟着你走。"麦家的眼神里充满了坚定，没有任何的语言，却又仿佛包含了千言万语。

麦家喝了口水，放下青瓷杯，继续对我说："回到你刚才问我的问题，我现在不再读文学书，我平常会读大量的历史、哲学方面的书，目的就是增加自己的见识，让自己看问题有深度、有角度，否则，自己永远是芸芸众生，别人云我也云。这样的话不写也罢，因为写出来的都是大路货，就不能跟别人区别开来，我觉得这样写的意义不是很大。尤其现在是互联网时代，不像我们小时候没书读，现在是书太多，面对各种各样的选择，更需要有一些灼见了。"

我又一次深深地点了点头，真正会读书的作者写出的文章也会舒展流畅。我连忙询问麦家："您最近在读什么历史书呢？"麦家难得地笑了笑说："大概 10 天前，我在网上买了《罗马帝国兴衰史》，整一箱书揉碎了看，估计花半年才能看完。读书一定要研读。我不是那种随意翻阅的人。

　　"我们要了解自己，也要了解别的国家。做对比地看，可能会更有意思。文学，有时候功夫在诗外。你不能为了写小说而光看小说，还要看一些小说以外的东西。我看了三四十年小说，心里已经有自己的一张文学地图了。读书读到一定程度，是有一定的经验的。"麦家的目光有一股神奇的力量，常常让我受到鼓舞、教育……老师在担任浙江省作家协会主席的这几年也随时在关注着我们一批青年文字爱好者的成长，给我们信心，给我们力量，使我们能在写作这条道路上一步一个脚印地向前迈进。

　　"麦家老师，近几年，您的作品被译成 30 多种语言，而余华和莫言 2 位大家的被翻译成别国语言的作品可能还没有您多。"麦家挑了挑眉毛，咧嘴笑了，那双眸子虽然淡淡的，但很诚实、直率，露出小小的喜悦："你说得对，莫言的小说随着电影《红高粱》走红，2015 年，在伦敦书展上，我的小说一夜之间签了 19 个国家的版权。这次在法兰克福，《风声》一个晚上签了 5 个国家的版权，然后还有 10 多个已经在走程序，在谈条件，特别是语言翻译，我这种小说有时很难翻译的。"

　　我好奇地问："外国人能看懂您的小说吗？"

　　"外国人看得懂！"麦家很自信。海外出版社都评价麦家是一位中国天才。

　　当我问起对几十个语种的翻译作品是否满意时，麦家老师一脸沉思，说道："对这么多语种的翻译作品，我有的满意，有的不满意。但总的来说算是'走出去'了，我应该是中国文学'走出去'的一位标杆性人物。从出版效果上看，我的书由美国 FSG 出版集团、英国企鹅出版社和西班牙行星出版集团这种航空母舰似的出版公司来做出版代理，我的起点一下子就被抬高了，也就是你背后的那个人很强大。其他国家也立刻蜂拥而至，包括这次我在德国法兰克福搞了一个麦家之夜。我原来预计会来二三十个人，最后来了将近 100 个人，这就是一种影响力。"

　　我的大脑里想象着当时的场景："嗯，2015 年，我看到了新闻，记得当时行星出版集团还把您称为'中国的丹·布朗''你不可不读的世界上最成功的作家'，最近我还看到了德国签约活动的现场照片，《人民日报》都刊登了，影响很大。"麦家朝我点了点头说："一方面，我觉得这些年我们国家在世界上的地位确实越来越高，形象越来越好；另一方面，确实还是有一些运气在里面，但是归根结底还是要有好作品。你写了好的作品有可能被埋没，但是如果你写不好作品，你永远没有被照亮的一天。所以，我一方面鼓励自己写好的东西，另一方面，我也只能暗暗地等待拉力，有时候需要一点运气，有一种神秘力量，坚持。对吧？"

　　我和麦家谈起 11 月 9 日结束的第五届世界互联网大会。阿尔法狗（AlphaDog）跟人下棋，人输了，那在文学写作上，人是否也会被机器人取代？当我向麦家提出我心底的困惑和担忧时，麦家很笃定地告诉我，不可能。虽然互联网发展很快，其实也出现了写作机器人，它们会写诗，也会写散文，网络文学可能下一步也会，但是麦家相信，真正的文学，尤其是他的这种小说，机器人永远没法代替人去写，他始终觉得作家是观察家，不是预言家，机器人永远是一种程序。

　　访谈让我感受到了一些令人肃然起敬的东西：文学创作从未简单过，麦家除了对人性的洞察力特别强外，还有一项特别厉害的本领，他能够长时间不去怀疑，而是去坚信这一点——坚持是有意义的、有价值的，无论事情变得多么艰难。

唯天下之至诚，为能化

　　"我们中青年写作者，不要有任何的名利预期，把文字写好就可以了。"我对麦家大胆地说。"把文字写好，这句话说得挺好。"得到麦家的认可，我有点小小的激动，一边奋笔记录，一边倾听。"带着热爱去接近它，不要带着功利，急功近利，最后会受到伤害。而且我觉得首先要学会做人，一个内心狭隘的人，做出来的文章，我认为水平不可能太高。内心狭隘，绝对写不出宽广的文字，所以首先还是要学会做人。我觉得至少要学会说真话，是不是?

　　"现在我觉得作家需要真性情。首先要达到真，做真人说真话，写真事。我觉得这是第一步，然后才能追求善、美，你做不到，那善也是伪善，我们不可能把丑当作美，是吧?所以我觉得真是很重要的。尽量让自己活得真实一点，不要弄一些虚的东西把自己包起来、套起来，我觉得那样太累。"

　　麦家这些话犹如一股清泉，流到了我心里，抬首，我认真地对麦家说起自己也是因为爱好文学才始终坚守在这一块阵地上，然后我一直默默地努力，默默地写好文字。麦家老师认可我的做法，说应该是这样。

　　想来，麦家的不同寻常，首先在于心静和淡然，其次在于他的勤奋和极高的悟性，几十年来他一直坚持探索，坚持读书，坚持创作，始终不受外界干扰，保持一种自觉。麦家的文章干净洗练，行文神秘而富有弹性，有着很高的辨识度。作家只有把文化、才学、意趣与个人思想凝聚在一起，让读者能够在读文字的同时感受到文字背后的功夫和才思情趣，才有可能成为真正的作家。

　　在半年前，我还对一位作家说:"我特别想见一见浙江省作家协会

麦家与作者在麦家理想谷合影

主席麦家，如果能做一场访谈就更开心了，不知道能不能有这个机会。"
今天心愿变成现实，在初冬，我和麦家一再道别，转头望望，看到的还
是这句"读书就是回家"。今天我嗅到了文学的味道，回了一趟心灵之
家，恰恰是在西溪湿地蒋村这个可有可无、拐弯抹角的地方，隐藏着真、
善。我走出麦家理想谷，回想刚才的一切，那双眼睛在闪烁，就像挂在
苍穹的星，散发着一种纯净的光辉，一种对人世间真善美的渴望，从中
可以窥见麦家纯净、明朗的灵魂，找不到一丁点儿做作的痕迹，这就是
真切的生活吧。

专访于 2018 年 11 月

谈笑群英茅姿阔，威涛扬眉惊鸿若

——专访越剧艺术家茅威涛

人物名片：茅威涛，浙江嘉兴人。中国戏剧家协会副主席。曾任浙江小百花越剧团团长，现任百越文化创意有限公司董事长。荣获第二届、十一届、二十三届中国戏剧梅花奖，创目前越剧界唯一的"三度梅"；荣获第三届、四届、九届、十三届文华奖；荣获全国文联百佳"艺德双馨"文艺工作者称号；"浙江骄傲"最具影响力人物，浙江省首批特级专家。

夏日的一天，在蓝天白云下，我们来到浙江音乐学院。车子停下来，我们感受着火辣辣的阳光，路旁青的草和红的、白的、紫的小花，被高悬在天空中的太阳蒸晒着。几经相约，我们在音乐学院迷宫一般的地下车库里摸索着，最终来到了茅威涛的工作室。刚坐下，听到温柔的一声——"你们来啦，我刚才还在排练室，手机静音，请谅解啊。"温暖从背后包围过来，有点低哑却带着说不出的温柔。我们站起来回头一看，一个戴着鸭舌帽，穿着亚麻衣服的江南女子款款而来。我们倚桌而坐，品尝着咖啡，香味弥漫着，整个人都精神起来。

人间歧路知多少，试向桑田问耦耕

看着坐在我们对面的茅威涛，光洁白皙的脸庞，乌黑深邃的眼眸，我一度以为坐在对面的是张生。

"茅老师，我相信任何事物与人之间的相遇都靠缘分。您是怎样走上越剧表演这条路的呢？我们想听听您的故事。"

她率性地抬了抬眉，之后又陷入了沉思。

茅威涛在 1979 年高考落榜后，并没有像其他同学那样继续上复读班。她只去上了一天课就逃走了。"我不甘心去做重复的东西，我可以在家里复习。"

茅威涛的母亲有个亲戚是镇上中学的校长，她知道茅威涛会跳舞，会唱歌，当时学校缺一位音乐老师，所以就让她去代课，正好中学里的老师可以帮她复习语文和数学，于是茅威涛去中学当了一个学期的音乐老师，兼教英文和政治。当时的茅威涛不喜欢当老师，不喜欢按部就班的生活模式，不喜欢做那些重复性的东西，她喜欢做有创意性的工作。到了第二学期，桐乡越剧团招生，当时茅威涛看完《红楼梦》之后对越剧十分着迷，她喜欢唱小生，所以毫不犹豫地瞒着父母考试去了。说到这里，茅威涛像孩子般偷笑起来："爸爸、妈妈肯定是不同意的，他们希望我考大学，我也算是误入'歧途'进了桐乡越剧团！"

进去之后半年过去了，汇报演出的时候，茅威涛脱颖而出，父母发现她有点天分，也就同意她在越剧团发展了。回忆这些时，茅威涛的脸上洋溢着幸福，想来父母的支持是她最大的动力。

"我特别感谢顾锡东伯伯，当时他在嘉兴做文化局局长，可能看过我的戏，当时正好浙江艺术学校第一次办进修班，给了桐乡一个名额，

茅威涛与作者的合影

顾伯伯说'让茅威涛去试试',所以我非常幸运地参加了考试并被录取。当时在学校里读书也算不错,毕业汇报演出成绩也不错。1980 年 9 月,我去浙江艺术学校进修一年后又回到了桐乡越剧团。回到桐乡越剧团后,我排了一个尹派的代表作品《盘妻索妻·露真》,令人惊喜的是竟然获得了优秀小百花奖,而且非常幸运地进了赴港演出团。"此时茅威涛的眼睛是明亮的,如黑夜中闪烁的星星。

"当时可以说小百花越剧团其实是为了赴香港演出成立的。"

"之前剧团不是叫小百花,是吧?"

"对的,当时香港的浙江同乡会里有一位船王叫包玉刚,他非常喜欢越剧,请上海越剧院的前辈们去了一趟香港。他就想听听浙江的乡音,但当时浙江的越剧水平无法与上海抗衡,于是干脆挑选了一批年纪轻的越剧演员去香港,起名小百花,而我是代表桐乡越剧团来参加比赛的,比赛后就被挑出来放到了小百花赴港演出团里,我也有了第二次进浙江艺术学校学习的机会。我们去香港前参加集训的有 40 名学员,一年集训后留下了 28 名学员参加赴港演出。28 名平均年龄不到 18 岁的姑娘第一次到香港,演出了《五女拜寿》后,又去北京、上海演出,真的是红遍大江南北。到了 1984 年浙江省人民政府特批正式成立小百花越剧团。'小百花'成立 30 周年的时候,我们去香港做了一个汇报专场,同时参加了香港国际艺术节,我们排了 3 场戏演出了 6 天。"

"小百花"的演员们犹如星星,尽着自己的力量把点点滴滴的越剧之光汇成淡淡的星光,在夜空中闪闪发亮。

玉骨清嬴惟精神，潇洒西湖回首眸

1998 年，茅威涛想做一回自己，停薪留职开了全国为数不多的个人工作室。当时，她打破了越剧中常用的才子佳人爱情故事题材，创写了现实主义题材的剧目——《孔乙己》，拿了中宣部"五个一工程"奖，在越剧表演上是一个飞跃性的突破。

"我想看看走出体制会怎样。第一，我想打破越剧原有的表现形式，在越剧表演中，我不一定是以玉树临风为标识的女小生形象了，演的也不再是才子佳人的爱情故事了，我演了一个鲁迅笔下怒其不争、哀其不幸的人物，要把他演出来是非常难的。鲁迅笔下的孔乙己，长衫是他作为知识分子的唯一标志。这是前所未有的一次创作，以前演的贾宝玉、梁山伯也好，陆游、张生也罢，这些角色我都无法参考，孔乙己这个人物的创造是越剧艺术上的一个巨大的突破。第二，这是一次制度上的突破，单一的剧团制作变成了一个跟企业合作的模式。《孔乙己》是咸亨酒店、茅威涛戏剧工作室和浙江越剧团 3 家合作创作的。

"我读文学作品或者看影视艺术作品的时候，会过多地关注男性的精神世界和情感世界，因为我要去塑造它，性别没法改变，但是性别可以跨越。我自己发明了一个词叫昆生的美学。这是一种双重审美，你用女性的眼光去审视男性的世界，以你的身体、皮囊去塑造一个男性形象。我先生郭小男在我演孔乙己的时候，就说：'茅威涛，我要撕破你那张英俊的脸。当你没有了英俊的面庞，还存在魅力的话，那就是表演艺术家的魅力了。'长期以来，我琢磨男人又演男人，又是全国人大代表又当团长，我经常跟我先生说，其实我是一个最懂得男人的女人。女儿最近正跟我探讨这个话题，我说我不是一个女权主义者，其实我觉得男人挺不容易的，他是家里的顶梁柱。所以在我表演的所有角色里，我拼命地挖掘男人的坚毅性和无法逃脱的无奈。比方说我演陆游，就要演出他在母亲和妻子之间、国家和家庭之间的那种无奈。只有找到这个点才会通达，演出后男性观众被感动了，女性观众也被感动了。找到那些关键点，慢慢地相由心生，体态也会变得特别潇洒，也就带有了中性美，在内心世界换位思考，没有小女人的哀怨特质。所以，人们看到的我都是光鲜亮丽的，满腹委屈的茅威涛谁知道？"

此时，一直在舞台上玉树临风、在生活中潇潇洒洒的茅威涛竟然潸然泪下。时间静止了，我似乎走进了茅威涛内心世界里那一块柔软的地方。她停顿了片刻，接着说："铁凝曾对我说：'茅毛，你好厉害，你磕磕碰碰，我没见你掉过一滴眼泪。'其实大家不知道，我偶尔也会掉泪的。

"有一个专题片的策划人评价我是一个非常隐忍的人，可能是我演了一些男性形象之后，有了更多的换位思考、包容和豁达，让我自己多了一项自我消化、自我疗伤的功能。在心理学里，女人是倾诉型的，男人是治疗型的。男人如果受伤了，会像动物一样躲在洞里自己舔伤口。女性需要倾诉，需要朋友，需要慰藉。慢慢地，我变成了一个不需要慰藉的人，我会自我消化，会躲到洞里去舔伤口。"

茅威涛是一个非常喜欢看书的人。以书为伴，书是她的一个巨大的精神支柱，只要跟文字在一起，她便不会孤独。在浙江艺术学校读书的时候，以及进"小百花"初期，茅威涛总是会出现在浙江美术学院，每周末可以去电影院看看内部参考片，那是汲取养分的途径，她的艺术理念不局限在一个梨园或者一个剧种里，而是在一个大戏剧、大文学、大文化的框架里慢慢成熟起来的。

就如茅威涛对她女儿说的，在女儿迷茫的时候，她可以给女儿一个引导，她会供女儿读大学，但大学毕业后，她要切断女儿的生活来源。听到这里，我抬起头，看到的是一位柔软又坚毅的母亲的脸。

"你不要患得患失，先学会生存，去选择职业，当你生存下来之后你再去考虑你的爱好。当然，如果一开始你就把爱好和你的生存结合在一起，那真是你前世修来的福报，对吧？我确实非常幸运，把自己感兴趣的行业当成事业做。人要懂得满足，事物是辩证的，因为你拥有了更多的福报，所以必须承担和付出的也更多。"此时，茅威涛眨了眨如星星般的眼睛，继续对我说道："人们常说'练功真苦，身上又受伤了'，我是不会说的。我的一个粉丝朋友是一位拍 X 光片的医生，他喜欢拍照，也拍得非常好，每场演出我都给他一个记者证让他来拍照片记录我的瞬间。有一次，我发给他一些我身体检查时拍的 X 光片，并写上：你看到甲状腺疾病了吗？你看到腰椎间盘突出了吗？你看到胆结石了吗？你能看出左脚骨折过吗？你能看出半月板的问题吗？一开始他没反应，后来他顿悟到，原来这些都是我身上的病痛，为此他还发表了一篇论文，说我是以一种玩笑的方式来跟他调侃自己身上的伤痛。"我感到敬佩，眼睛也湿湿的。

"就像你去采访运动员，运动员的伤痛可能比我还要多，竞技肯定会造成各种伤痛，因为这是在挑战人类自身的极限，身体的极限、机能的极限、体能的极限，对吧？我们演员也是，为了在舞台上的那个瞬间，我要将最好的状态展现给观众。我怀孕之前每天要吃药才能入睡，我一直保持着一种高度紧张的状态，医学上叫血管迷走性晕厥。"

看着我惊讶的表情，茅威涛接着说："2010 年之前，我经常休克晕倒，但是没那么严重，2010 年全面发作，到最后已经是癫痫的状态，从晕厥到抽搐，后来我把所有的药都停了，开始打太极，医生为我做了针对性的治疗。他们现在都很佩服我，在拍摄现场那么吵的地方，我在椅子上一躺就睡着了！"

我从对她病痛的惊讶变为秒睡的惊讶，问道："是不是打太极拳能让您的心静下来？"

"对，但凡我焦虑的时候，就会打一套拳，或者盘腿静坐，一会儿，我就能把所有让人焦虑的东西甩掉。人生真的需要及时清空。然后要有一些爱好，比方说我喜欢种花草，在院子里修修花草，浇浇花，这是我最快乐的时候。我爸爸说：'那么累了就不要弄了。'但转念一想又说：'算了，也不说你了，反正你这时候是很快乐的，修花草的时候也是换一种方式休息。'

"休息的方式有很多种，不一定要旅游，躺在床上就行，或者发呆也可以。前两天杭州的天气非常好，在自家院子里，我跟爸爸搬 2 把椅子坐着，喝着茶，然后就这么躺着，后来睡着了，爸爸给我盖了块毯子，我竟然就在那里睡了 2 个小时。女儿没出国前，基本上周末没有特殊情况，我一定会留在家里陪女儿。因为我觉得人不能丢失生活，或者说一生当中，最根本的东西不能丢。我们不是为了工作而工作，我们是为了生活而工作。有了这种心境之后，至少在焦虑的时候我会及时清空一下，碰到一些比较棘手的事，我说不急，放一放再解决可能更好。

"我一直是一个很有进取心的人，我相信努力一定会得到回报。2009 年，我在台湾演出，在一座寺庙里住了 3 个晚上，每天听着钟声醒过来。那次演出的时候，当地正好发生水灾。让我感动的是什么？在一个月不到的时间里，主办人员在体育馆里搭起了一个非常漂亮的、规范的舞台，同时放了 5000 把椅子。我们去踏台时，他们还在排椅子，纵横拿线对起来，居士、义工、法师都在那里干活。演出完后，体育馆后台条件比较差，我没有卸妆，直接从舞台后面走了下来。你知道我看到什么了吗？ 5000 把椅子不在了，地上一点垃圾都没有。我当时就在想这是一种什么样的精神，这是一种无我的境界。第二天听着钟声醒来的时候，我有了完全不同的认知。出家就是一种放下，而不是消极遁世。后来我跟和尚说要来他们这里做一个短期修行。你知道他怎么说？"

"怎么说？"

"他说，茅老师您不用来修行，您的修行道场在舞台。一句话就点醒我。"

仰望星空，漫天的星斗，它们尽着自己的力量，把点点滴滴的光芒融汇在一起，虽然比不上太阳的光辉，也比不上月光的清澈，但它们梦幻般的光，洒在了人间，照亮了人们的心，给人们带来美好的梦想。茅威涛就是这样的一片星空。我认真地对茅威涛说："其实你是放下心做事情，你可以一天同时处理好多个不同行业的事情，可以谈判，可以招商，可以排练。你有一颗大容之心。"

一抹晨阳上缭垣，芜花满地为报恩

在茅威涛当小百花越剧团团长之前的五六年里，团长一年一换，像走马灯似的，作品也出不来，因为团长刚来还没熟悉又走掉了，不是团长没有能力，这是需要潜心的一门艺术，要有真的"热爱"，要懂得越剧发展和演变的历史，同时又要懂得如何将越剧和当下结合。茅威涛回忆时，浓密的眉，高挺的鼻，绝美的唇形，无不透露出对越剧的执着与痴爱。1999 年，在大家一片茫然的情况下，茅威涛把越剧团接了过来。她也不知道怎么走，但是她有信心，想做一件事情就一定要去把它做好。

茅威涛讲到这里时发出了爽朗的笑声。

"其实好多人不了解我，以为我是一个女汉子，觉得我很会做事。这是外面对我的印象，其实我是一个'宅女'，就如宋卫平了解我后对我的评价：虽然很会唱歌跳舞，但是生活中确是一个简单的人。当了团长后，我每天把团当成家，我就像生产队队长一样，把一年的工作布置好，把学生培养好。"

"你觉得传统文化在越剧里走得远吗？"

"在当下，传统文化一定走得更远，首先要自信。我们建立了国际戏剧联盟，有 13 个国家一起。郭小男是首届联席主席，2020 年，我们将演出《寇流兰与杜丽娘》与《莎士比亚和汤显祖》2 个作品。

"实际上回过头来看越剧的发展，习近平总书记当时在浙江工作时，调研的第一个文化单位就是我们小百花越剧团，我真的挺感动的。他问起剧场里有没有博物馆，我说有一个以小百花为主体的越剧博物馆。他还说他去绍兴调研的时候，用了 1 个小时参观了一下嵊州的博物馆，了解了越剧的 100 年历史。当时我听了非常感动。"

茅威涛对我说，她觉得剧团的发展已经到了瓶颈，怎么突破这个瓶颈，或者说"小百花"怎么转型和迭代升级，是需要顺应时代的发展的。20 世纪 80 年代"小百花"成立，改革开放外来文化涌入，传统文化受到冲击，传统舞台剧被彻底边缘化，那个时候，一般优秀一点的演员都去搞影视或者出国经商了，茅威涛说她曾经也有这样的想法。

"我是自己真的喜欢，就觉得总要有个人留下来做这件事儿。

"时代也赋予我们很好的机会，'小百花'先到了香港，后来到东南亚一带，再后来到欧美国家。我曾经说如果我当了团长，要做 3 件事，第一件就是一定要让剧团走出国门，要真正的有世界巡演，要真的进入主流戏剧节里。第二件就是一定要有一个'小百花'自己的剧场。第三件就是有可能的话要有一个自己的学校,或者跟浙江艺术学校联合办班。这3件事是我当时给自己定的一个目标。有一次不经意间看到梅先生给友人写的信中也有3个心愿:办一个京剧的学校,盖一个京剧的剧场,做一次世界的巡演。美国和欧洲的巡演是做过了,但是剧场和学校都没办起来,要争取办起来。我当时心里挺感动的,就觉得我作为一个晚辈,不经意间的思考内容跟前辈契合了。

"我们不能忘了这些前辈,就像我们不能忘了顾锡东伯伯一样,如果没有《五女拜寿》就没有'小百花',如果没有《梁祝》《红楼梦》《孔雀东南飞》《祥林嫂》,就没有上海越剧团。人要在当下承接历史面向未来,我觉得做任何事情一定要有前瞻性,也要有一颗感恩的心。

"在'小百花'建团20周年的时候,我在思考它未来的发展到底在哪里。我们是有参照物的,一是美国百老汇,二是日本的宝冢歌剧团。宝冢歌剧团是女子剧团,它有自己的剧场,常年演出,它在日本公众心中象征着一种至高无上的艺术形态,很多中小学女生都梦想当一个宝冢歌剧团的演员。宝冢歌剧团能够做到这样,我希望并相信'小百花'也可以做到这样。

"'小百花'建团20周年纪念大会召开的时候,《五女拜寿》的原班人马包括王文娟、尹桂芳老师等都被请了回来,并且在中央电视台的11套直播。按我们现在时髦的说法,这像是搞了一个大party!这对我触动挺大的,我突然觉得有一种使命感,好似自己是家族里的长女,需要去处理整个家族的事务。"

求田问舍待百花，一身栩然成蝴蝶

"我要结合杭州这样一个旅游城市来做驻场演出，'游西湖，喝龙井，看小百花'是广告词。有一天和宋卫平聊天，他说：'龙井茶在全国排不上名的，你为什么免费给它打广告了？'对我来说茶只是一个概念，就是念着顺。德云社的宣传渠道就很好，能够真正接通'90后''00后'的兴趣点，女儿会唱德云社里的太平歌词，越剧反倒不唱了。我问女儿为什么以前不喜欢相声，现在反而喜欢了。女儿对我说现在德云社传递的是一种非常有底蕴的文化，内容有孟姜女哭长城、祥林嫂、秦香莲等民间故事，而且用非常好玩的形式表现出来。这给我一个启发，我们的越剧场要传播什么？所以《三笑》要把江南的音乐做一个创新，由郭小男执导的江南民调音乐剧，以江南民间传说"唐伯虎点秋香"为素材，以吴越地区的民调为架构重新创编，呈现出婉约曼丽的吴歌越音和江南意蕴的民俗风情，以及才子佳人的爱情绝响。

"习近平总书记曾叮嘱我，如果小百花越剧中心建立起来，还要建立一个博物馆。这句叮嘱我一直记到现在，中国越剧场其中一个板块肯定是讲述'小百花'的。"讲起越剧场的未来，茅威涛的眼睛又亮了起来。"我还想在中心设立一个诗歌板块，诗歌跟戏曲本来是一脉相承的，我希望能够提升我们越剧中心的文化品质。

"实际上我们想做一个什么呢？就是私人定制。我们把全年的戏单给你，你想看什么，你点戏，我出戏。想听一场评弹可以，一场京剧、一场豫剧、一场粤剧都可以。

"我还想设立一个黑匣子剧场，这个剧场是用来做孵化的，让年轻的艺术家们、编剧们、导演们、演员们出作品在这里演出，如果观众反应好，我们就投资做成大戏，我想在'小百花'建团35周年的时候让它成为百年越剧十里洋场。我还想做的板块就是借鉴皇家莎士比亚剧院做双语戏剧教育，我们已经争取到浙江省学生第二课堂的授权了。普通观众来杭州旅游，不是冲某个演员来的，而是冲这场戏来的。就像我们去百老汇，是冲着《悲惨世界》《猫》《西贡小姐》，而不是冲着某位演员，这不重要。我们要转换观念了。未来，我们不再靠'角儿'来养一个团，而是靠一个剧目，一个产业，靠这样的秀场养活一个剧团，一个剧种。最终目的是发展越剧这个剧种和这门戏曲艺术。这就是我茅威涛之梦。

"这么多年来，我还领悟到一个词'舍得'，要懂得收也懂得放，这个度的把握是非常重要的。心态特别好的时候，你会事半功倍，很多时候你花了很多精力，绞尽脑汁，焦虑万分，可能收获平平，反而在这种从从容容、谈笑风生中，你却把一件事情做得极好。就如现在的小百花越剧团，它落在了西湖边，并将完成中国越·剧场的蝶变。2011年8月3日，它在杭州曙光路南侧原省艺校地块破土动工，7年了，它即将化茧成蝶，成为一只'世界上最大的蝴蝶'。剧场由台湾著名设计师李祖原担纲设计。我觉得我现在看得很通透，就像蝴蝶一样，破茧成蝶！从农业文明中诞生的一个剧种，在互联网时代应该蜕变成一门什么样的现代艺术？这是我应该去做的，我对自己说，茅威涛，现在天时地利人和，如果还做不了的话，那就只剩遗憾了！"

和茅威涛聊着聊着，不知不觉已经繁星满天，我在乘车赶往杭州火车东站的途中，一颗流星在夜空中画出银亮的线条，就像在探寻着越剧世界里最美好的未来，为这片夜空增添了一丝绚丽、喜悦与温暖，留下了无限遐想和无尽的可能。茅威涛的声音，让我一直挂念，这种声音非常奇妙，有颜色，有形状，有温度，还有蕴含此中的破茧成蝶的越剧故事。

专访于 2019 年 8 月

旭日沏清饮，烽味最是茶

——专访作家王旭烽

　　人物名片：王旭烽，浙江平湖人。教授，著名女作家。毕业于浙江大学历史系。浙江省作家协会副主席，国家一级作家，中国国际茶文化研究会理事，浙江省政协委员，浙江省茶文化研究会副会长，浙江农林大学茶文化学科带头人。其"茶人三部曲"，前两部获第五届茅盾文学奖，第一部（《南方有嘉木》）获得中宣部"五个一工程"图书奖。

　　一个细雨蒙蒙的上午，我从嘉兴匆匆赶到浙江农林大学位于一社区的茶工作室，它只有2层，立在那里，气定神闲。相遇的机缘闸门悄然开启。驻停在王旭烽满架的作品前，凉风吹起书页，令我印象最深的是她的《南方有嘉木》，而最吸引我的是《一片叶子》，因为我的小名就是叶子，而我一直觉得一片茶叶就是从一片叶子开始的。"你们已经到了啊，不好意思。"一个温婉且清脆的声音从门口传来，眼前出现一位满头细细的小卷发，身穿黑色长棉衣，脖颈上挂着玫红手套，胸前别着浙江农林大学校徽的小女子，她正从容无拘地笑着跨进门来。我也无拘地笑了起来。

应是茶公子，不想愚人迷

一坐下，我便大胆地向王旭烽老师提了要求，想听听她以前的和现在的故事。没想到，王旭烽爽快的一声"行"，十分爽朗。接着王旭烽娓娓道来。

"我从小就生活在富春江两岸。我出生在平湖，因为爸爸是军人，所以自小随着部队走。从地域文化上说，我是一直生活在有茶香的地方。生活在茶区的好处就是不管小时候还是长大后都离不开茶。很小的时候就看老人们在茶馆里喝茶，然后逢年过节母亲会送茶，即将茶作为礼物送给别人。我自己有时候也会喝一点，就是大人喝的剩下来的茶我再喝几口。但是没有专门地真正地进入茶的领域。一开始接触茶是在大学毕业后。1982 年 3 月，毕业以后我就分到浙江省总工会办公室，那时候就开始接触茶了。我母亲教导我早上得提前十分钟上班，上班以后就拿报纸，把地扫干净，把窗子打开，把开水打来，如果有领导开会，要负责倒茶，那时是正儿八经地接触茶了。后来在报社的副刊工作，工作方式也和你一样，去采访，然后会有人倒茶给我喝什么的。大部分时间喝的都是绿茶，但没有什么太多的印象。"

王旭烽印象很深，1988 年，有个朋友送了她一包正儿八经的龙井茶。她就把它放了一个大罐子里。把龙井茶放进去以后，她就用开水冲了一大罐。后来这个朋友见了，说了一句："你不能这么冲泡。"那时，王旭烽还不懂茶。

茶叶嚼时香透齿，一杯清茗励明志

1989 年，王旭烽因一个机缘参与筹建中国茶叶博物馆，认识了当时茶界的泰斗庄晚芳先生。她在中国茶叶博物馆的资料室工作，"那时候什么活都要干，资料要复印，采访什么的也要干，门票我也卖过"。我很惊讶地问："是吗？"王旭烽秀眉一抬："对啊，卖门票。就是做服务员，客人来了倒茶和招呼。我记得我经常给学生们讲一个故事，要学会从基层做起，从倒茶做起。"

其实，王旭烽那时候已经是中国作家协会会员了，跨行这个事情其实很不易。但别人会想："你已经在当作家了，为什么要到茶文化界来抢饭吃？"王旭烽沉思了一会儿，拿起白茶饮了一口，看着这一杯热茶汽雾袅袅上升，闻它淡淡的清香，继续对我说道："像我们这种人有一个特点，对语言特别敏感，但对数学就不行，我们这种军人家庭出来的人从小受父母严格教育，凡事要认真。认真的人就容易出成绩。我当时因为认真，就负责接待倒茶。"倒茶的时候会遇到领导，有一次杭州市的领导来了，王旭烽一会儿倒茶，一会儿做笔记，还要时不时地插一些话，不然会冷场。后来领导点赞王旭烽：真是不错，连服务员都这样懂茶文化。王旭烽当时并没有反驳，其实她是参与筹建中国茶叶博物馆的一员。此时我看到眼前的杯子里几片叶子沉在水底，释放出淡淡的茶香，清浅的绿色里好像沏进了一片阳光。在这样清浅的绿色里，你能看见王旭烽来回穿梭倒茶的身影，一杯绿茶的前世今生都在她对茶的诠释中被唤醒了。

还有一个笑话。湖州有一名小说家，他并没见过王旭烽，虽然那时王旭烽在浙江作家中已经很有名气了。当时他到茶叶博物馆来，王旭烽照样给他倒茶，在聊天的过程中，他看到王旭烽一直在插话，一副很懂茶知识的样子，便问她叫什么，结果自我介绍后，湖州的作家立马请她入座了。而当时单位不知道王旭烽其实在文学界已经很有名气了，她在单位里非常低调。

1990 年 10 月，浙江茶叶博物馆开馆。领导为了不让王旭烽站在"前锋"，安排她接待后台的专家，她心里反倒很乐呵，因为可以趁着这接待的机会认识她想认识的真正有茶学问的专家。也就在那一次倒茶的机缘中，她认识了当时的茶界泰斗庄晚芳。后来两人结成了忘年交，在写作"茶人三部曲"中她多次受到庄老先生鼓励。

"很多机缘就存在于倒茶里。"王旭烽抬起茶水般清醇的眼眸，对我说道，倒茶的真正机缘是接待中央电视台记者，他们过来考察茶叶博物馆，想拍茶的专题片。在接待倒茶的过程中，王旭烽时不时地说些茶的文化和渊源。央视记者就问王旭烽到底是做什么的，王旭烽还很纯粹地说："我就是为你们倒茶的！"其实她真正的身份是茶叶博物馆资料室的工作人员，还是中国作家协会的会员。那天他们和王旭烽谈的时间很长，整整半天。半年后，王旭烽收到一封信，是手写的。信封上署名是中央电视台，信里说他们要拍一部大型的《话说茶文化》电视纪录片，邀请王旭烽担任总撰稿。那时候王旭烽还很年轻，那一次倒茶，倒出了这样的一次合作，而且是最高级别的。我看着王旭烽的眼睛，觉得好茶的茶汤一定是透亮的，你能看见草木氤氲化育，能看见茶的魂魄在水中释放。茶的生长从来都不是一蹴而就的，它经历了四季的风雨，经历了霜雾雹露，所以王旭烽能够被央视发现，就如我们喝到的茶，是大自然孕育的精华。

王旭烽抬了抬秀眉，继续说道："你要用最认真、最好的态度去做一件事情，就如倒茶，你都能倒出一次好机会。还有一个体会就是想到一部电影《阿甘正传》，男主人公阿甘从来没有想过跑到白宫，但他跑着跑着稀里糊涂地就跑到了白宫。其实我倒茶也是，根本不知道会有央视让我做总撰稿。第一，它是国内外一部大型的茶文化纪录片；第二，我是跟中央电视台合作，视野一下就站在了中央电视台这个层面，也立马认识了陈铎等大咖。做总撰稿，为我的'茶人三部曲'做了很多文化上的铺垫。"我重重地点点头，眼里充满敬意。

王旭烽又拿起白茶饮了一口，眼睛亮亮地看着我说道："我有一个体会，做一件事情，你一定要付出十分的精力。你不能用九分半的精力做一件事，然后用半分精力在想这件事情你要不要做，犯不犯得着做，做了这件事情后果会怎样。因为你有这半分的考虑，就决定了你九分半不成功，因为这件事情要用十分的精力才能做成，你用九分半就做不成。我从博物馆到作协，一分钟都没有耽误过。我绝对不会因为在工作中碰到各种各样的事情，就耽误了什么的。"

当时拍这个纪录片须走遍全国，实际上作为总撰稿，不仅所有的台词都是王旭烽撰写的，而且连央视要采访什么人，都会请教王旭烽，但是她也没有滥用这份权力，就是很单纯地采访当时各地的茶界泰斗，根本没有关系和背景之类的考量。王旭烽就如茶之真味，在于怡静真，在于疏淡平。恰如那插在瓶中春雨后的黄梅，将过往的悲欢酝酿成一树金黄的绚烂，寂静地燃烧；把四季的冷暖淬炼成一缕清香，无言地绽放。我深深地记取那一刻的茶之味，花之容。

水流深处碧凝吟，半口茶香蕴慧心

王旭烽接着还给我讲了一段卖门票的经历。拍了专题片回来后，她被分配做卖门票的工作，一边发矿泉水，一边发票子。有几次遇到一些北京来的作家，他们还以为王旭烽在体验生活，在作秀。王旭烽回忆，当时还特别认真地回答了："天地良心，真的在这里卖门票。"当时那些大作家看着王旭烽高高兴兴地接待客人，去洗杯子倒水，或者发矿泉水，以至于有位大作家后来说，要是作秀也作得太像了，太持久了，说明是真的。王旭烽告诉我，工作时就应该有一个好的心态，无论是在茶叶博物馆工作，还是在报社工作。

王旭烽还云淡风轻地对我讲起当年在报社工作的趣事："开始做副刊，心里就想将副刊做好。当年我在报社写一整版的长篇报道，报社里马上有点'小轰动'，后来居然有点小名气。当时同事觉得我有点'麻烦'，怕是抢'饭碗'来了，领导就分配给我一个"艰巨的任务"，做二版，我就欢天喜地地去了。等到二版做出成绩来了，就又分配给我另一个"艰巨的任务"，到后来从三版又做到头版。头版评论特别难，我就逼自己写出一个名作家的范儿，在炼字造句上下功夫。后来回忆这段工作经历，发觉写评论时对文字的锤炼，对于我后来写小说特别有帮助。"

"租下这间农林大学茶文化工作室是在 2016 年 8 月，即将召开 G20 杭州峰会的时候，人该疏散的也疏散了，该放假的也放了，学校考量会很久，如果犹豫的话就没有了。当时只能做非常简单的考虑，就是我们茶文化需不需要这间工作室，我二话不说就拿下了，先为学校垫了差不多 200 万元。尽管如此，我心里还是充满信心的。这里的工作室，我没拿一分钱，所有创收都给学生了。让那些撞了困难的年轻人总有个地方可去，在这个地方能够舔舔伤口，还有个地方能够养活自己，同时为社会创造财富。" 我再度环顾这素朴的小茶店，它静立于繁华的城市之中，不随众，不奢华，不喧哗，坚守宁静与淡泊，是多么难能可贵。很多人建议王旭烽开连锁店，她没答应，她笃定地对我说："先在这个地方扎扎实实地花个 5 年时间把它做好做透，获得经验，然后再向全世界扩散。我的 3 本书都写了 10 年，做事需要耐得住寂寞，我可以一个人在楼上待一个月，因为喜欢写作，可能天生不孤独。写作，关键还是一个'写'字，你一定要静得下来。前些年写了一本电视纪录片脚本，写了 4 年，人家就觉得写作好像很容易，其实……"王旭烽沉思了良久，接着说，"你看我这个手指头都写折了。"我惊呆了，这是一种怎样的意志力在支撑这因疲惫而罢工的小拇指啊！"你瞧，这个大拇指，我今天才刚把包的纱布拿掉，这里面都是血泡。得到一些东西没有想象中这样容易。但是我觉得这个没什么可说的，也不愿意说，你想，扫地的人，开包子店的人，凌晨两三点钟就起来工作了，他们也很辛苦。"看着我一脸欲言又止的样子，王旭烽淡淡地说："我们写作也是一种劳动。特别是写长篇小说，今天洗澡，过两天又跟人家去喝酒什么的，是写不好的，你就必须长年累月。非礼勿视，非礼勿亲，非礼勿言，不受外界诱惑，另外当然得自信。"

"对于写茶文化小说的人，'忽略不计'4 个字很重要，须毫不犹豫地往前走。人还是要纯洁一些。对于我们现在没有成就的学生，我会说他杂念太多。有学生反映喜欢谁不喜欢谁，其实我真没空管他喜欢谁，不喜欢谁，我就看他事情做得好不好，认不认真，是不是诚实，是不是言而有信。如果我不写作的话，不管织毛衣，还是做点心，或是仍旧在博物馆工作，相信也一定会成为某个方面的专家，因为有些东西是与生

王旭烽与作者的合影

俱来的，有些东西是要后天修炼的！"

风炉煮茶不须忙，茶香笑语洗尘心

　　我问道："这么多年，您在职场上有这么多趣事，但是自己却能如茶水一样通透，您是怎么做到的？"

　　"先跟你讲一个故事，我当年到文联工作过 2 年，当时科室领导因为我是一个名作家，还很年轻，就坚决不要我，他跑到人事处说，'你们爱把王旭烽弄哪儿去就弄哪儿去'，反正他不要我。然而我一点儿都不知道，热火朝天地就去报到了。去了以后，我看办公室乱乱的，当时那个领导挂了张脸，我根本没仔细看，拿起一块毛巾就开始打扫卫生，准备第二天干干净净地上班。我走后的下午，科室领导居然跟人事处同志说，这人他要了。人事处处长后来一直把这件事当成笑话讲。上班后，领导让我干啥我就干啥，做一些工作琐事也从不抱怨，所以我临走时，领导说真舍不得我走。"

　　"这一辈子，你可以得到些什么呢？很多东西都是不可带走的，但是一杯茶却是每个人都可以消受的。一碗清茶入肚，把草木清新之气吸纳进自己的生命之中，让体内的浊气在茶中逐渐消解、宣泄，就会散发出一份清新光芒。所以我对尊重的理解是当遇到气场不一样的人，不能成为知心朋友，就保持彼此之间的尊重。如果没有尊重感的话，就容易闹矛盾。一个心胸开阔的人，不代表他天生心胸开阔，能够和周围搞好关系的人，他的内心一定很敏感，我觉得这都是茶的品质，从对茶的洞察中可以学到很多。我的人生坐标是 6 个字，第一是自由。自由是无价之宝。第二是创造。哪怕生个孩子出来也是一种创造，创造了一个生命。

第三是正义。遇到事情要懂得换个角度、换个思路考虑问题，遇事显人性，人的品性很重要。凡事要回想一下，你心境就平和了，就如你要慢慢地喝茶，滚烫的茶喝不来，就凉一凉再喝，这就是喝茶的好处。"看着王旭烽，我突然觉得遇到王旭烽，就如喝了今天的白茶，她懂得分享，从一人到多人。这次采访不仅是一个分享喝茶的过程，更是一个海阔天空的交谈过程，在她的分享中，我顿悟了许多。

闲中一盏清肺腑，从来佳茗无国界

当我问到获得茅盾文学奖以后最大的变化是什么，王旭烽歪着头，沉吟了一下说，没什么变化，就是工作又发生了变化。2006 年 5 月，王旭烽写了《走读西湖》，被邀请去浙江农林大学讲课，校领导告诉她，最近正在申报全球唯一的茶文化学院，而王旭烽当时讲了些茶文化的知识。半个月之后，他们打电话问王旭烽能否去担任学科带头人。王旭烽一点儿没有犹豫就答应了下来。有朋友说："你还去蹚什么浑水，又要去抢别人饭碗，作家当得好好的，学校又不差你一个。"王旭烽说："刚刚相反，全中国的作家多的是，全国做茶文化的作家只有我一个。那时候学校本身真的需要这样一个学院，我也需要去做一些新的事情，我们互相需要平台。其实当时想得更简单，学校那地方真美，就冲着环境好，我就去了。实际上去了以后，一步一步做，一步一步走，做的远远超过我自己的设想。当时不过是想过去上课，我还跟他们约法三章，绝对不当领导。但是后来没几年，还是当了院长，从来没想过国际化办学，其间居然还办起了孔子学院，当时全球唯一的茶文化孔子学院在塞尔维亚，后来北美茶栈、中欧茶栈、北欧茶栈都建立起来。"

我问起："'茶人三部曲'听说要拍成影视剧？""是啊。"王旭烽眼睛亮晶晶地对我说，"已经写了80万字的影视剧本，这次还看了3个地方，一个是横店，一个是无锡，还有一个就是我们杭州。连我都希望影视导演能够选择我们杭州。"当我问起王旭烽以后的梦想时，她如少女般地一笑，脸上出现了红晕："我的未来只有一个词，就是国际化。国际化就是中国的茶叶要走出去！茶叶质量，全世界没有国家比我们中国更好了，现在就差以宣传来解决呈现的能力。就跟文言文一样，你不把它变成白话文，你不把它翻成英文，人家怎么懂？其实我认为中国的文化，重点不在于文言文应该怎么写，而在于白话文怎么翻译。翻译了以后，再讲给别人听的时候，用广播还是用演出，传播的内容如何诠释，所以习近平总书记说是讲好中国故事，这个'好'字里面意味着很多的东西。所以把中国茶叶国际化是我毕生要做的一件事情。我最欣慰的是茶界对我的认可，茶文化是纯粹而永恒的文化，因为凡是日常的东西都比较永恒。势必会将茶文化做好。"

写着写着，我突然发现"茶"字从笔画构成上讲，就是"人在草木之间"。我仿若看见王旭烽就是一片茶叶，带你蓦然地走进了她的草木之间。看茶叶在沸水中翻滚、舒展、开花，随之茶水变得温润碧透。杯中茶叶，浮浮沉沉，水的颜色由浅变浓、色泽调和。小呷一口，微苦；含之细品，又略带些柔甜；咽之，再回味，满口香醇；随之，我的心灵逐渐变得澄净清澈。我很喜欢《道德经》里面的一句话，叫作"光而不耀"。王旭烽无疑是这样一直有光亮却没有锋芒的通透茶人。

专访于2019年3月

梅绽雪中，墨染苍穹

——专访书法家陈振濂

人物名片：陈振濂，号颐斋，原籍浙江鄞县（今宁波市鄞州区）。1981 年毕业于浙江美术学院（今中国美术学院）。1993 年任中国美术学院教授、博士生导师。在中国美院书法系与浙江大学中国艺术研究所同时招收博士研究生。现任中国文联副主席、中国文艺评论家协会副主席、浙江省文联副主席、西泠印社副社长兼秘书长。

风一更，雪一更，西溪有瑰宝

冬天，是属于沉思的季节。这天晚上，雪花在杭城漫天狂舞。雪仿若与我约好，共赴书法大家陈振濂先生的西溪书房之约。在静等先生的时候，静静看雪，漫天冷凛，漫宇琼瑶。先生的一条红围巾，在白色迷蒙中闪亮而来，而伴随着的雪花，似寻梦的蝶。一片、两片、无数片雪花，静静跟着先生穿梭于浙江大学西溪校区人文学院的教学楼，进入书斋，转身抬头看到那巨幅榜书"射天狼"，灵动有力的文字间似乎有编钟的袅袅余音传来，让人开始怀想悠悠的历史。一张柔和的宣纸承载着历史的回声，一支遒劲的毛笔寄托着江山的沉思，先生在执笔写字之间表达其对于恒远和瞬间的思考。就在那一刻，我心生出几多淡淡的暖……

"我们从'听雪'谈起，"他泡好茶，说，"在这样的大雪天让你们登门，真不好意思。"又说："这里的书斋很乱，除了文房四宝就是我写的'废纸'。前几天我在北京开会，刚回来，不好意思推到现在。"接二连三的"不好意思"，让我们也不好意思起来了，毕竟打扰他这么忙的人。先生又马上说："生命的时间给有缘的人！"古人言"世事洞明皆学问，人情练达即文章"，先生的谦怀和体恤的言语，使我内心的不安顿然消失了。

师古不泥，道法自然

每个人的一生中，总会有那么一个人或者一件事情，在一个特定的时刻出现，对他产生重要的影响。这既是一种命中注定，也是难能可贵的机缘。关键是能不能遇到，或者会在什么时候遇到。在这一点上，先生是幸运的。

先生说，他这一生幸运的就是有个"民主"的家庭。当年母亲让他学小提琴，花了钱，可是他总也学不好，其实就是不想学，所以不专注。后来不知不觉地他就沉浸在书画里了，父母亲也很支持。而最幸运的莫过于受过诸多书画大家的耳提面命，传承了他们的文脉与风范。一代草虫画大家潘君诺是他的启蒙老师。当年有一种说法，年夜饭没有后辈作陪是不吉利的。潘君诺没有子嗣，陈振濂的父亲与潘君诺是好友，每到过年，就让陈振濂去陪潘君诺吃年夜饭。对陈振濂爱护有加的潘君诺自然倾囊相授。大家都只知陈振濂书法好，殊不知他花鸟画的造诣也很高。画家唐云是著名的"唐铁头"，讲究规矩和礼数。有次他在唐府做客，唐先生指着小振濂说："你记住，父亲在时，你只有给父亲泡茶的份。"在唐府的这段时间，唐云不停地给小振濂"指派"任务，而小振濂也乐此不疲。回到家时，父亲对他说，这是让陈振濂知道长幼有序的道理。多年后，先生体会到唐先生是多么体恤同辈又不忘教育小辈。给书法大家沙孟海当助手时，小振濂研墨、按纸，陪着沙老编书、接待客人。在这些大家风范的耳濡目染中，陈先生养成了不俗的气质和格局。

20 世纪六七十年代，年少的陈振濂意外地有了大把空闲时光来吸收艺术养分。有一个孩子对艺术大师们的艺术感兴趣，每天热情地上门求教，当时对艺术大师们也是一种心灵上的慰藉。

当时，小振濂可以自由进出陆俨少家，也可以随意临摹申石伽的藏画。先生说，现在的社会环境已经很难再有当年的求学氛围了，年轻学子见导师一面有时都不容易，可中国最重要的师承教育，其实是要在贴身的学习中才能实现的。

先生会作画，他喜欢画花鸟，他的画峭拔独步，别有一番诗意。书法家会作画本不稀罕，但先生还会写诗。不少书画家也颇好填词造句，而真正在古诗或新格律诗领域写作的则是凤毛麟角。况且，他还写得很好。先生喜欢恣意挥洒，具有"诗书画印"合一的文人气质，这可能得益于他所生长的江南文化圈，也与对先生进行谆谆教诲的陆维钊、沙孟海、诸乐三等先贤不无关系。

在当时，山水、花鸟、人物，篆、隶、楷、行、草，印宗秦汉，对于小振濂来说，对什么都有兴趣，什么都想学，时间一长，开始眼见耳听，开始学习前辈的为人处世之道，尤其是如何立身处世、如何敬业尽责，以及对艺术对学问的痴迷和无条件的毕生奉献。

中国古代的师徒制讲究言传身教，一举手，一投足，让学生在不知不觉中受到熏染，从而使其逐渐养成健全向上的人格与品性，形成大局意识与宏观思维，眼光长远，不会为琐屑微事所纠缠，最后形成正大浩然的气象。"我在一定程度上能够认识到书法的精髓，对书法的见解相对来说不肤浅，如果细细回忆起来，应该归功于多年前那一段特殊的日子。"先生认为，那一场场相遇，对他在书法艺术道路上取得如此深广的成就功不可没。

先生讲述和大师们交往的平凡而又精彩的点滴温暖故事，传递着高远旷达的情怀，我深切体会到"大家"之"大"非头衔之大，非荣誉之大，而是学问之大、精神之大、思想之大。"大家"所经历的人生，是"滴水穿石""锲而不舍"的精神所造就的，更贯穿着一种与生俱来的使命与担当。

仁厚安然悟书道

我抬首静观其悬挂着的书法作品，先生书为心画，字如其人。先生就像他写的字一样，平易近人、谦和可亲。他的书法凸显仁厚之感，又颇具智者之范，灵性所至，更具朴实安然。

先生的书法，如歌、如啸、如舞、如奔，极具动感，字里行间充满了生命的活力。每次在创作之前，他都会精研每个字；在挥毫泼墨时，他会将生命旋律注入每个字，精心构筑每一个艺术妙境。因此，在他的作品中，每个字都各有特点，各有可品味之处。而他的高明之处，又在于使字与字之间能够紧密相关，构成一个大美的天地。站在他的作品前，你就能感受到他书法的苍劲有力，感受到他作品整体的浩然正气。他的作品厚重、古朴、苍劲，像一口千年古钟，端详每一个独立的个体，都会产生浑厚的共鸣。先生的书法充满动感和情感。

先生在书法这个线条王国里力求得之天然，行笔在法度之外又在法度之中。于传统与现代的嫁接中寻找契合点，在碑与帖的结合上摸索突破口，在创作的取法上更加宽泛和兼容，使书法语言丰富而不拘常法。其追求一种宁静自然之美，以心正笔正的姿态完成艺术求新。一路走来，将古人的技法了然于胸，而又融会贯通，落笔轻灵洒脱，有如清风扑面而来，而又力避甜俗娇媚，写得干净利落，银钩铁画。

先生的行草书脱胎于二王、米芾、黄庭坚，潇洒率意，富有书卷气、文人气，关注每一笔的扎实与厚重，以及露锋侧锋的变化与灵动，从而形成点画丰韵、造型雅致的"陈家样"。先生又在擘窠大字、题跋小札、简牍隶书等几个方面同步推进。

在几幅行书的条屏上，点缀着几方殷红的印章，笔笔单刀，举重若轻、光洁妍美的印面里，古朴肃穆的线条干净利索。一瞬间，这一整篇缄默不语的笔墨线条姿态灵动起来。

先生反复强调能够取得现今的成就是因为时代给他机遇。在过去，他的老师陆维钊、沙孟海先生就没有这样的机遇。改革开放以来，先生说他遇到了一个风云激荡的时代，不是因为自己本事大才华高，而是因为的确碰上了一个好时代，才有机会施展才华。先生非常谦虚，说陆维钊、沙孟海先生的才华远胜自己百倍，但当时他们没有这样的外部环境和机遇，即使是大师，也难以酣畅淋漓地发挥才能。

笔势峥嵘，辞采乃造平淡

品读先生的书法作品，我们可以看见他那平和而又坚毅的内心世界。那里，有着对书法的热爱，有着对中华传统文化的参悟和弘扬。先生对书法的研习正是对中华传统文化的深入研究，他的书法是中华传统文化中道德的外延。

当谈到当下许多书法作者不思进取、懒惰懈怠、千篇一律、重复平庸时，先生说："字在纸上，画在纸上，诗在纸上。在漫长的岁月当中，一张写了字的纸究竟能流传多久？或者说我们的书法能否流传很久？流传的意义是什么？"先生讲到此，神情变得肃然，眼睛里一束光芒闪现，继续道："写字如同作诗，内容远远大于形式，它源于创作者的血肉与灵魂。"此刻，我明显感觉到先生的一种锐气，是一种勇于进取的精神，也是一种不畏失败敢于创新的态度。

问及写字与书法的区别，先生坦言："其实，写字和书法完全不是一码事。简单地说，写字主要是实用，书法则是供人们欣赏的一门艺术，它除了保持一定的实用价值外，更多的是以艺术的形式，依托一定的对象，表现出或娇媚，或端庄，或雄伟，或潇洒，或龙虎威神、飞动增势，一句话，是以风骨为体，以变化为用。"

所以，艺术这件事需要虔诚。只有相信，才能拥有勇气。现如今，先生一直思考的是，怎样找到一种有效的形式，把艺术更好地传承下去。我们需要的是我们时代里"活的王羲之""活的颜真卿"。先生认为秉持一颗鲜活的心，做能够感动人的事情才是这个时代的艺术潮流。古老的中国灵魂，需要年轻的视觉形式和载体。

著名美学家叶秀山说："书法就是书法家说话。"先生很早的时候就听说过这句话并深表赞同，他说："书法与遣词造句的文学创作归根结底是一回事。你写出的内容，有没有生命力，有没有活的气息，会给人带来什么样的冲击，与文学创作中绞尽脑汁写出一个词语、一句话，或者创作出一首诗，实际上是一样的。就书法而言，不管结构与风格有什么不一样，最能引人驻足的应该还是内容。你的内容要有血有肉，要能呼吸，能让人感觉到它的体温和生命力，只有这样你才能够让书法的生命延长。很多写字的人一辈子也没有搞清楚书法的本质，书法其实就是书法家说话。"

这些年先生做过很多探索，他始终觉得，美好的东西一定要落实到当下，一定是有用的。所以先生这几年提得最多的是书法艺术的"有用"，没有用的那是"伪艺术"，是没有生命力的。艺术内容存在于生活的方方面面。他喜欢和不同行业的人士交流对书法艺术的看法，这是在寻找一条让伟大的中国书法艺术持续走下去的路。

先生认为，书法一定要有时代精神，如果是照搬古人，就是"李杜诗篇万口传，至今已觉不新鲜"。我们可以拓展书法艺术生命的宽度。先生说当下大部分写书法的人都端着架子，就像在表演，其实古代书法写作是一种常态，就像每天要吃饭、要睡觉一样，这就是我们现在做的"日常书写"。

先生深刻地认识到，书法也好，中国传统文化也好，只有让更多的年轻人去喜爱，去参与，这样的艺术才有未来。把现代与传统做一个合理的融合才是一个艺术家值得思考和尝试的事情。

所以先生现在的书法内容大多是反映民生的，是当下的、时兴的、热评的，而且为了体现书法艺术，用"新文言"，或者叫"新白话"书写。内容可以是属于当代语境的，但句式是文言的，是比较浅近的；但凡稍

陈振濂与作者的合影

有古文功底的，都看得懂。先生从 2002 年就开始身体力行，用书法同步记录时代。他每天写一幅书法作品，主题就是当天社会发生的事情。"你去看《兰亭集序》，也就是古人即兴抓起毛笔，记录一些当时的场景和感悟。只不过近代以来，我们开始用钢笔写字，不用毛笔了。现在又是互联网时代，用电脑、手机打字，我们就把用毛笔记事这个传统丢掉了。平时，我会拿张纸，看今天的报纸上有什么值得关注的事，拿毛笔写下来，尽量以文言文写出，因为白话文句式繁复，还有标点，书写形式不漂亮。我用文言文写出自己对今天社会事件的感想。"如"户籍改革""故宫换帅""G20杭州峰会""民营书店困境""互联网＋""党的十九大召开"等，先生说这些是时代的印记，是与年轻人接轨的。那么，书法家们也要"接地气"！写这种东西，一在报纸上发表，青年人

微波炉时代

白色家电冰箱洗衣机电熨斗其
微为尊径简单使用方便微波炉
在其创其后微波炉售卖位置于商
场皆用电熨区域尽些氣牡冰箱利房用
二招邻遂由高科技持身为日常
家用且进入千家万户后六倒逼食品
工业产生深刻变革乃至有专供微
波炉制作菜肴加热瓷四真包装本场
需求逼处微波恒时代焉
丁酉陈振濂于十二月一日书

陈振濂书法作品

就会觉得，跟他们是可以沟通的，有共同语言。

先生的"书法阅读"理念来源于2009年北京中国美术馆的一场展览。先生在2009年内相继推出"心游万物""线条之舞"和"意义追寻"3场个展！与一般书展不同的是，先生在构思展览时本着一个明确的基本理念，即一定要做成一个可赏可读、有形式有内容、讲笔墨也讲文辞、讲功力也讲才情的"有意思"的可阅读的展览，体现出鲜明的"原创性"与"研究性"特点。

这一次展览，让先生感悟良多；那之后孜孜不倦的追求，又使得他不断看到艺术的风和日丽与崭新的天地时空。只有完全发自内心地进行深入创作，才能使艺术诞生；只有感情足够深沉，才能打动别人；只有带着"别人感觉"而非只有"自我感觉"并拥有冷静客观的审美态度，才能真正算作属于人民的艺术。

2010年的教师节，他又成功举办了一场名为"大匠之门"的展览，展出了他接触过的50位已故老师的故事，以册页形式呈现，同时还配有这些老师的大幅喷绘肖像。展览规模不大，却很轰动。他组织学生去参展，嘱咐他们不要忘本。

2011年正值西泠印社108周年诞辰，陈振濂别具匠心地创作了108件有关西泠印社历史评论和考据的作品，在良渚博物院做了一场"守望西泠"的文献展，讲述西泠印社108个经典故事。据先生回忆，当时展览分为纯展览艺术创新部分及关注文史文献的"师友访学录""西泠读史录""金石题跋录"4个板块。在展览现场，他发现，观展人对于他的大幅创作，更多的是发出瞬间的赞叹，对他"师友访学录"里面描述的内容，却驻足欣赏多时。此时，先生意识到"书法阅读"的重要性。

大家通过展览，看到了西泠印社百年来可歌可泣的故事和薪火相传的文化。展览也变成了一件社会文化大事。从某种意义上说，参观书法作品展的过程就是沉浸在书法大家的艺术世界里的过程，置身于那份古意当中，去体味，去追求，去感受，去读书法内容，品书法形体，感受书法大家的文化与生活，求得精神上的共鸣。先生不再是展览的主角，书法作品和里面的故事才是。

先生声名鹊起，因为关注史实的人越多，关注先生的人也越多。

一定要做展览文化而不仅是展览艺术家的作品，先生认为。他还觉得，书法艺术能感动更多的人。要把这个展览做成一件好玩的事情，不是一种"与世隔绝"的古老文化形式，要让人感觉它是有趣的，是可参与的。

从那次展览以后，先生豁然开朗，终于明白对今天的书法要怎么做了。

赤子情怀，时代潮涌

先生认为书法是最不缺少受众的艺术之一，它平易近人，有群众基础。但是，要让书法艺术具有生活气息，成为真正的活的艺术，就不能只停留在书斋艺术的层面上。

先生严肃地对我说："书法不应该仅是抄录唐诗宋词、无关时事的雅玩，它应该恢复原有的记录时代的人文功能。我们应该把书法从文人自娱自乐的书斋中拉出来，走向火热的当下社会生活，直接用书法艺术来记录与反映民生诉求，反映时代主题。"先生直言："若说今天书法不及古人，我以为，首先不是输在笔墨技法上，而是输在文献与文史的价值上，古人的书法是历史的承载，书可证史，今天的书法只是观赏品。

我想要改变这一现状。"先生诚挚地说："只有承载历史的作品才能被留下来，只有深入生活内核的作品才能感动人。古代书法本来就是记录社会面貌和时代变迁的，但古代没有书法艺术展览，今天我们有书法展览，却不再去记录时代，与现实社会脱节。故而，在当下的书法艺术展览中，我重新强调对社会责任的承担。"

先生讲得激昂，现代的书法家应该走出书斋，走向生活！先生诠释了书法的当代性。书法当代性的核心就是有用，与生活接轨，为大众服务，能美化人们的生活，能净化人们的心灵。比如一位艺术家名气很大，一般人都见不到他，那他的艺术就是个人的艺术，与老百姓无关，与大多数人无关。一切艺术都要有用，有用的前提就是适合年轻人，服务年轻人，因为年轻人是社会的希望、国家的未来。能打动年轻人的艺术才是有用的艺术，书法也不例外。

"放眼当下书坛，有的人把书法看成胡涂乱抹，瞎写一通，还美其名曰性情；有的则完全模仿古人，思想枯竭，在书法艺术上总是重复，以为写得跟古人差不多就是得了真传。甚至可以说，差不多两成人在胡写，八成人在重复。说到底，都是在本质上从来没有把书法当作自己精神和灵魂的事情来做。每个时代有每个时代的艺术，学习传统不是喊喊口号就能学来的。如果有一天，我们真的把古人的精神高度理解了，再以此为基础去追求属于我们自己的精神高度，那将是一件有益而且美好的事情。一名书法家，如果没有属于自己的创造，不能对书法有独到的贡献，那就说不上对传统有真正意义上的继承。与此同时，我们也不能简单地把一件书法作品的创作样式、面貌、风格与熟知的书法作品做对比，误认为只要是自己不熟悉的创作风格就一定是创新。"对于书法艺术的诸多问题，先生都有着自己独特的理解。

在 2012 年，先生提出了"民生书法"的概念，且每天都在坚持。10 年之后大约完成了 3600 张作品，实际上就是用书法记录 10 年的历史。他一直在坚持，一天也没有落下。"我出差或者有特殊情况的时候，是没法儿写的，但回来就用'现代文言文'马上补上。其中有讲述环卫工人张景和在街头亲吻孙女的故事，有感慨'80 后'双独子女事业、家庭难以兼顾，等等。"

他希望，通过"民生书法"，告诉人们："书法艺术，其实与我们的衣食住行、社会活动密切相关。"他达到了"我书即文献"的高度。他希望能够重拾书法记事述史的功能，让毛笔书写的过程生活化、日常化，让书法在今天也能作为一种对时代的记录方式。

先生认为，用书法记录当下所发生的点滴事件，看似并不起眼，实则随着社会的发展，经过一定时间的沉淀后，其价值就会体现得越发明显。先生秉持一种理念，就是作为艺术家，有责任为后人记录下今天的事情，为后人了解历史提供一种途径和方式。

先生笃定地对我说："我可是把书法当成科研项目来做的，这自然存在失败的风险，每一笔、每一次都像是在探险。"听到这里，我觉得先生仿若持剑骑着白马的勇士，不断地向人类未知的方向驰骋。

可能在外面的人看来，先生有点"迂"，本可以活得很潇洒，无忧无虑，坐享功名，但为什么老是在动脑子，逼着自己难受？先生说希望自己在艺术上不断自我否定，要不断进步，要对书法有新的创造和开拓。

先生说，书法文化的发展和传播需要"两条腿走路"。一条是"有高度"，研究和继承中国传统文化的精髓，这一方面中国人可以做到极致，但是这也有问题，问题就是这些内容不具有大众传播性。另一条就是"能落地"，把文化艺术与时代结合，与生活接轨，与时尚接轨，吸引更多的人热爱传统文化，热爱传统艺术，与此同时还可以引导他们向"有高度"转化。先生说，当书法水平达到一定高度，自然流露的东西才是最美的。我笑了起来，怪不得先生的书法会哭、会笑、会唱歌、会跳舞，原来是先生的每个作品都融入了与作品内容密切相关的情感、理念和相应的艺术风格，与此同时又具有气象正大、格调高雅的总体风格。先生颔首，微笑着不语。

先生追求的是什么？在交谈中，我渐渐觉得是"率真"。先生为人处世简简单单、扎扎实实，同时他认为中国书法最美的也是"率真"。先生考虑的是如何让书法与当下的年轻人更好地"相处"，如何让年轻人更直接地去喜欢书法。如果你采用过多的技法，拘泥于历史背景，年轻人短时间内也搞不懂，就不愿意和你玩这些。在信息碎片化的时代，在互联网时代，大家都太匆忙，让大部分人进行中国书法的系统性训练，是不现实的。所以先生采用"以心应心"的方式和年轻人交流。大家都有一颗爱美的心，能打动你的"美"，也有很大可能性打动得了别人。一旦理解了书法作品里面的情怀和气魄，然后再将书法与时尚有效结合，就能再创有价值的作品，这样才能"征服"年轻人。

先生和艺术之间的这种深深的缘分让人动容。他的笔墨之中总是透出一股清新明快的气息。端稳持重的隶书经他一番创新，古朽的味道便被驱散殆尽。洋洋洒洒的行书作品中净是畅快跳跃的节奏感，偶尔细而长的线条也不带有拒人千里的凌厉感，只教人想再三亲近。先生对笔墨诗文的痴爱就如还没有爆发的火山，热烈的岩浆在平静的地表下翻滚沸腾。他现在坚持用"民生书法"记录时代，或许长达10年的休眠一度让人想象不到它喷发时的壮观景象，但读懂他的人，早已预见10年后将是何等灼热灿烂，同时又感慨这是如此深沉隐忍。

　　先生书法里的执着淳朴打动了我，我特别欣赏先生那种能把磅礴气势孕育在自然姿态之中的气度，所以无论是先生的诗文还是书法创作，都让我体会到他一直在尝试着用最朴实的表达去包罗最澎湃的感情。

　　先生表示，一个书法家能走多远，一方面看现在的影响力，一方面看多年以后还有多少人记得他。

　　先生现任行政职务众多。一手学术，一手行政，但却切换自如，并且行政职务让他能站在更高的角度来审视艺术。先生也是一个著述宏富的人物，著有《陈振濂书画篆刻集》《书法美学》《现代中国书法史》等等。

　　若问先生的这番纯粹、善良诚恳、刚烈正直、敢爱敢恨从何而来，得知了他的成长环境就自然明了了。如今的他经过数十年历练，经过风雨磨难，有了更丰满强劲的翅膀，亦不忘赤诚初心："我的目标只有一个，为文的真实，以及做人的真实。摆脱虚饰，直抵赤裸裸的简单。"先生内心是感性且执着的，艺术创作也秉持着鲜明的宁折不弯、一丝不苟的态度。这种至纯的静穆心态让人闻之震撼。一辈子为一件事情、一种情怀坚毅执着，是幸福的事情。做人如水，利万物而不争；做事如山，不矜高自及天。这便是先生心中人生该有的模样。

　　先生的作品有血有肉，能够打动人心。其实打动人的是他的字，也是他热爱艺术、追求艺术的一腔热忱。随着时光流逝，一张白纸上呈现的书画痕迹是历史的掠影和印记，而能够存留于时光直至载入史册的应该是一个年代的精神高度，是被表达出的历史感，以及点画间流动的一种情怀和追求。

　　在艺术殿堂里，一个有抱负、有远见的书法家更应该有高度的使命感和责任感，孜孜不倦地追求形式与内容的完美与统一，推出贴近生活、表现时代的作品，把它献给伟大的民族和伟大的时代。

　　走出书斋，外面仍旧飘着鹅毛大雪。"听雪，也是听心，听雪的刹那，心里定会开出一朵清幽的莲花。"先生那双清澈的眸，是在凝视这天与地之间匆匆过往的民生百相吗？静静看雪，品味的是"千字万字民生史"的温度和情怀。是的，雪花纷纷扬扬落下，该有多少宁静的心，在此刻看见与领悟！

专访于 2017 年 12 月

最是莲花落风情，曲艺春浓永留香

——专访曲艺家翁仁康

人物名片： 翁仁康，杭州市萧山区瓜沥镇渭水桥村人。12 岁时开始从事曲艺演出，2002 年完成浙江大学艺术学系研究生课程。曾获全国性曲艺专业最高奖"牡丹奖"、全国群众文化最高奖"群星奖"金奖；获浙江省"德艺双馨曲艺家"、中国文联"百名优秀青年文艺家"称号。现为中国曲艺家协会副主席、浙江省曲艺家协会主席。

悠悠地坐在钱塘江边，听着飘来的一阵阵地方小调，它们似是在耳边轻言细语，喃喃道来那些斑驳岁月、琉璃时光。在这些时刻里，我不是一个过路人、一个听书人。我一直觉得浙江有着数千年甚至上万年文化的深厚积淀，形成了独具地域特色的水文化，造就了迷人的曲艺民俗，从而计浙江曲艺既神秘又复杂，既古朴豪放又厚重典雅。随着社会的变迁，曲艺民俗并没有没落，反而焕发出旺盛的生命力。那些调子咿咿呀呀，穿过时光，在你耳边回响，仿佛时光交错，一梦一曲。

悠悠钱塘翁仁康，苍天不负有心人

黄昏时分，如约见到曲艺大家翁仁康先生，当时斜阳正好。走进咖啡馆，坐在靠窗的位置，窗外芳草绿树，翠茎垂茂，自然的生机带来融融暖意，忽然间我就明白了清音的莲花落和七件子何以那么美好，因其恰如其分地传唱着这方水土的灵秀气质。刚刚从杭州电视台生活频道方言类新闻节目《我和你说》现场赶来，翁仁康说："我们一家都在钱塘江边长大。我爷爷是恨钱塘江的，因为当时吃尽了钱江潮的苦头。我父亲一辈是改造钱塘江的。我们这一代是爱上钱塘江，享受了钱塘江带给我们的福利的。"

12岁时，翁仁康从瓜沥小镇的田野走向了舞台。当年由于没有什么娱乐，不要说是电视机，连收音机都没有普及，城里城外都时兴讲故事，翁仁康是学校里的文艺骨干，有灵气，胆子又特别大，他学着大人的样，在台上讲起了故事。对当时年幼的翁仁康来说，讲故事只是好玩。

17岁那年，翁仁康大着胆子上茶馆说书，一口地道的萧山东片口音，一脸滑稽的表情，再配上几个夸张的动作，常常惹得听众捧腹大笑。在讲故事和说大书中，他开始渐渐接近绍兴莲花落，并着魔似的爱上了它。绍兴莲花落是流行于浙江绍兴一带的曲艺说书形式，它形成于清代道光和咸丰年间。翁仁康起初唱莲花落是为了挣几个钱。翁仁康家境很苦，高中没读完就到一家纸箱厂当上了学徒。母亲告诉他，家里的茅草屋不能再住人了，要盖间泥房子，翁仁康就想到了去唱莲花落，好挣些钱来盖房子。他四处求师，可在当时的萧山，上哪儿去找说莲花落的。只好听着收音机学。后来用他唱莲花落挣来的第一笔钱，母亲为他买了一台录音机。这台当年花了100多元钱买回来的录音机成了家中唯一的宝贝。

于是他把录音机当老师，跟着录音机学，对着镜子唱，天天跑广播站翻录磁带。有一次听说绍兴曲艺团的莲花落演员倪齐全来萧山献艺，翁仁康竟骑车赶了 20 多公里路去观看。以后他常常一个人踏着辆破自行车到杭州、绍兴去听莲花落、评弹等，回来后，就自己摸索，装着样子学；在认识了著名莲花落演员胡兆海之后，翁仁康的莲花落学习步入了正道。

铮铮弦音莲花落，忽如一夜春风来

曲艺是个体艺术，具有简单的艺术形式，传递的内容真实，故事从群众中来，又回到群众中去。这几年翁仁康一直是漂漂亮亮上台，风风光光下来。因为热爱，所以停留；因为热爱，所以传承。

讲故事，唱莲花落，翁仁康之所以能唱和别人不一样的莲花落，就是因为他能够把干巴巴的稿子讲得水灵灵，有包袱，有笑料。尤其是在表演人物转换时，可以信手拈来。既能唱，又能再上一个层面，这是翁仁康的表演大受欢迎的诀窍。因此，翁仁康"唱响"了莲花落，莲花落"唱响"了翁仁康！

他的《晦气鬼告状》在 1985 年杭州曲艺大奖赛上获创作、表演一等奖，成了他的成名作。之后，将《糊涂村长》唱进了第二届中国艺术节，而他的《新乡长卜仟》在荣获浙江省第三届曲艺比赛最佳表演奖后，他又赴天津首届中国曲艺节献演。之后，《分爹》在第三届中国曲艺节上成为观众最喜爱的节目，大放异彩。

在杭州文广集团举办的大型主持人"真人秀"《舞林门》中，他开创了莲花落和拉丁舞相结合的新的艺术方式，深深折服了评委，真正做到了一手民间、一手国际！

一程琴声悠扬起，一段曲艺跌宕启

9 次"文代会"以来，党和国家发生了很多大事、喜事，广大曲艺工作者响应时代的召唤，踏着社会的鼓点，与祖国同行、与人民同心，可以说，每逢重要时刻、重大事件、紧要关头，我们总能第一时间发现曲艺人的身影。翁仁康掰着手指说，在改革开放 40 周年、中华人民共和国成立 70 周年、中国共产党成立 100 周年的时代进程中，他们这支轻骑兵随时随地向人民报告、向和平致敬、向党汇报，在采风创作、慰问展演、结对帮扶等方方面面，拿出的措施实实在在，用曲艺独具的艺术表现方式，四两拨千斤，收获了预期效果，及时向老百姓传递正能量。

现在，翁仁康担任浙江省曲艺家协会主席、中国曲艺家协会副主席，更是把精力放在丰富浙江乃至全国人民的业余文化生活上，他没有一点架子，每年带领他的"轻骑兵"送戏到田间、社区，已上百场。他说，他是农民的儿子，报答养育他的土地，是他永远想做、要做的。翁仁康也算得上一位大明星了，上过中央电视台，登过北京大舞台，可是居委会要组织文艺活动去邀请他，他从来都不拒绝，所以他的观众特别多。翁仁康的莲花落是属于人民的艺术。翁仁康在做时代的记谱者和人民心声的记录人，像这般为人民表演的场景，从未间断，今后也不会间断。

乡音乡情莲花落，岁月单薄言绵长

中华曲艺源自民间，已有几千年历史，在弘扬社会主义核心价值观方面具有得天独厚的作用。翁仁康介绍，近年来，在浙江乃至全国的大地上，每年浙江曲艺走基层、全国百场巡演等好戏连台，生动传递了"国是家、勤为本、俭养德、诚立身、孝当先、和为贵"的"我们的价值观"。文艺作品必须紧跟时代,文艺工作者在作品中讴歌时代中的人和事也是一种责任担当,而这恰恰又是大部分曲艺表演中的软肋。观众对曲艺表演的期待,当然是想得到欢乐。寓教于乐,是翁仁康一直追求的,且屡屡成功。其作品中深情讲述的关于助人为乐、见义勇为、诚实守信、敬业奉献、孝老爱亲等方面的故事,感动了数十万观众,实现了社会主义核心价值观和中华优秀传统文化的潜移默化、润物无声。

"送欢笑到基层"是浙江省曲艺家协会的品牌活动。"我心中的党"专场,对老百姓说说心里话,不讲虚头巴脑,曲艺要"钓你的心,勾你的魂",要随时进行正能量传播。

仅 2017 年,"陪着父母看曲艺"活动的足迹就遍及浙江,演出 100 多场,直接观众人数达到数十万,到田头、进课堂、走军营,汗水和足迹遍布 90 个县(市、区),为人民群众送去了愉悦和幸福。

翁仁康向我们讲述了至今最让他纠结和痛苦的事——父亲过世当晚,他为了救场去演出。那年正月初三,公社组织巡回演出队为村民们搞春节联欢,就在那天上午,翁仁康的父亲突然病逝了,家里办起了丧事。失去了父亲,翁仁康哭得死去活来,可一想到晚上还要上场演出,台下有 1000 多名观众,他犯难了,去还是不去呢? 节目是喜剧,又笑又唱,可这种时候怎么露得出笑容? 文艺队队长来找他救场时,他还是决定不去了。母亲了解儿子的心思,过来劝说:"去吧,那么多人等着听你的戏,不要让大家失望。"翁仁康回忆说,这是让他最难受的一件事,至今都不知道他的选择是对还是错。

如今,他用自己的例子和观众们交心。他说,当年母亲想看看钱塘江对岸的西湖,被他以一忙,二忙,三忙的理由推脱了,最终成了终身遗憾。这样的开场白，让年纪轻的人脸红，让年纪大的人感动。告诉人们尽孝要赶早，不能"从明天开始"。也在说唱的时候，为人民群众送去温暖、祝福和希望。因此，翁仁康认真地对我说："搞笑我们是认真的，淳朴的，干干净净的，能带给观众或听众欢乐，让大家在笑声中去关心正能量。"富阳一村书记陶书记邀请他们下乡演出，演出完了观众都不肯走，说："你们今天演的不是艺术，而是一堂人生课。"

翁仁康从艺 40 多年来，职务在变，住处在变，年龄在变，唯一不变的是他永远在农村坚守他的阵地，他始终知道农村才是真正属于自己的舞台。每年他都会去农村进行专场演出，放下"光环"，扎根基层，

翁仁康与作者的合影

像聊家常似的面对面演出，这才是真正的接地气，才能真正受到基层群众的欢迎。或许这也反映了从农村故事员一路走来的翁仁康的初心。

当我问起曲艺的艺术规律是什么时，翁仁康变得严肃起来，说道："最大的规律是通俗，要求是一听即懂。曲艺文学是一种口头文学，不像书面文学可以反复咀嚼，它要一听即懂，来不得半点艰深与晦涩。当然，通俗并不等于庸俗或低俗。"与幽默打了大半辈子交道的翁仁康，从来不满足于让观众发笑。"逗笑很简单，但是要笑得健康，笑得有品位。"他在很多场合反复说过类似的话。而通俗也不等于粗糙，这需要由文化与智慧来支撑。在具体内容上，他将自己的心得概括为八字箴言——"有人，有事，有情，有趣"。翁仁康称，演员要善于把握观众的心理。比如莲花落，就要尽量达到"既出人意料，又在情理之中"的境界。"现在的观众见多识广，口味也变'刁'了，台上台下好像在搞'智力竞赛'，演员与观众一直在'斗心眼'。"翁仁康说，想要吸引住观众，不仅要多花心思，还要懂得顺应形势。

翁仁康始终认为守住根、保住本真的东西是最重要的。在莲花落这种传统说唱艺术中，他能找到自我的皈依，也可以说曲艺就是他的一种信仰。他从不把莲花落低俗化，呈现的一直是积极向上的作品。

翁仁康说，其实，整个社会是身体，城市是脸蛋。在城市演出就像在脸上抹"珍珠粉"。到田间地头演出，那是"吊盐水"，吊到精气神了，给身体增加营养，老百姓素养提高了，身体好了，脸蛋自然就好了。

追求桃李满天下，要让曲艺向明朝

如今，我省有数万名曲艺工作者，其中一半以上在体制外。如何为这些曲艺人提供服务及激发他们的创作热情，成为浙江省曲艺家协会当前的重点工作之一。近年来，互联网和新媒体技术的发展催生了一批新的文艺组织，民间曲艺工作者在其中十分活跃。我们要广结交、多结交曲艺工作者朋友，与他们深度交流，尽量为他们创造舞台。

"美术、音乐、书法、舞蹈等，在我们的文化馆、青少年宫和艺校里都普遍开班教学，可是几乎没有孩子去学曲艺。虽然曲艺很受老百姓欢迎，可是很多家长还是不愿让孩子学曲艺。"他说。翁仁康之所以要占领电视台这个现代媒体平台，除了想让更多人听到并喜欢莲花落，更重要的是想用荧屏来包装曲艺，让曲艺在人们心中变得时尚。

翁仁康已经史无前例地连续3届担任浙江省曲艺家协会主席了，相信甜酸苦辣都已尝到。浙江曲艺仍然在稳步前进中。同时，浙江省曲艺家协会传承前主席马来法的精神和做法，也在探求人才培养的有效模式，比如宁波走书进校园，采取资金支持、专家指导、演出交流、研讨培训、宣传推介、汇报展演等多种方式，对青年学生进行重点培养，使得他们的艺术水平和道德水准得到显著提高，引导他们成为繁荣曲艺事业的有生力量。

莲动树簌簌，雨落草萧萧。流传于浙江的莲花落，伴着悠悠钱塘水飘荡在古朴的江畔。那流淌过民间的铮铮弦音，也在人类历史的这条河流里奔流。

专访于 2018 年 4 月

翩如兰苕翠，婉如游龙举

——专访国家一级导演、浙江省舞蹈家协会主席崔巍

人物名片：崔巍，山东青岛人。国家一级导演、浙江省舞蹈家协会主席、杭州歌剧舞剧院院长，享受国务院特殊津贴。曾任 2008 年北京奥运会开闭幕式执行副总导演，曾执导 G20 杭州峰会文艺晚会"最忆是杭州"、"2010 走进世博"启动仪式、第十三届全国学生运动会开幕式、中央电视台春节联欢晚会等国内外大型庆典晚会 200 余台，荣获文华奖导演奖等国内外大奖。北京奥运会残奥会先进个人，全国"五一"劳动奖章获得者，第十一、第十二、第十三届全国人大代表。代表作有《阿姐鼓》《和平颂》《雷峰夕照》《遇见大运河》等。

秋天的一个晚上，我见到了崔巍老师，惊讶了一下，因为她的状态和名字截然相反，她宛如云彩浸泡在天空的晚霞中，温婉动人，呼唤出一种亲切、一种牵引、一份似曾相识。我们情不自禁地拥抱了一下，之后坐下来，边喝着红茶，边聊了开去。

数年磨一剑，霜刃未曾试

"舞蹈是我少女时代的一颗梦想的种子，今天居然见到了我心目中的舞蹈大师，心里很是激动。您跳舞的缘起是什么？"

"我 6 岁就在青岛少年宫开始学习跳舞了。"

"啊，您是青岛人？"

"对。"

"青岛人一般都是又高又大，您长得如此娇小，像是典型的江南人。"

只见崔巍带着江南小女子的调皮语调说道："所以才有后来的杭州故事。我小时候在北京舞蹈学院附中上学，1980 年时参加了某个全国舞蹈比赛，是第一届，跳了一支独舞《格桑花》，获得了表演的三等奖，这是我们学校在那次比赛中获得的唯一奖项。

"1984 年我毕业，那时候被分配到地方是极少见的，那年杭州要创建历史文化名城，当时受市长委托，我们 6 男 6 女从北京被带到了杭州。

"1984 年，我们的待遇是每天一瓶牛奶，领导问我们还需要什么，那时的人好单纯，没有任何物质欲望，相互咬了咬耳朵，居然就要了一个床头柜。"

"你们倒真是淳朴，也是单纯。您被分配到杭州什么单位呢？"

"杭州歌舞团，一辈子就在这一个单位，一辈子只做了舞蹈这一件事。"

我肃然起敬，点了点头，说道："到了杭州歌舞团，人生地不熟的，其间发生了什么令您印象深刻的事情吗？"

"舞蹈，你知道对身体条件的要求是挺苛刻的。个子小，可能你就跳不了主角，也当不了领舞，除非有非常有个性的角色适合你。我印象特别深的是，那时是 1986 年，我来杭州已经两年，有一个出访日本的机会，因为被选上了扮演一个角色。那时出国很不容易，最后的结果是我没去成。当时浙江省艺术学校一位老师也是从北京舞蹈学院毕业的，她让我去省艺校为学生们上课。我自己刚刚毕业，学生们和我差不多年纪，我也没有什么教学经验，那段经历让我很是难忘，是一次探索中的成长吧。我把科学性融入技巧中，再融入一些我独创的教学心得，学生们就渐渐认可我了。"看得出崔巍有一股强烈的不服输的劲。

言有物，行有恒

"一直到 1990 年，我再回北京舞蹈学院学习编导专业。"

"为什么又想到去读书了呢？"

"当时已经从事了 4 年的教学工作，发现自己可能更喜欢需要创造力的编导工作。但不像现在从北京舞蹈学院附中毕业，可以直接考编导系，那时候考编导，你如果没有 5 年到 10 年的编导经验、相应的能力，以及叫得响的作品的话，是很难被录取的。"

"那您是怎么把不可能变成可能的呢？"

"因为我原来是北京舞蹈学院附中的学生，老师们觉得不妨给我一个机会。好的学校就是一个好的平台，学校每年都会请世界一流的专家来授课。"

"怎么这么好？"

"对的，那些专家来了以后，学校会把专家课作为教学模板。其中有一位现代舞专家，是一个韩国人，一直在美国学习现代舞，叫洪信子。她的教学方法很独特，让我明白了作为一个编导，要创作一部好的作品

崔巍与作者的合影

首先需要触动自己的内心。"

"还记得她上课的内容吗？"

"她在舞蹈教学中运用了心理学。老师的教学方式打开了我的思路：舞蹈应该像一本好书、一部好的电影，它可能会改变一个人的一生。那堂课在我内心播下了种子。"

听着崔巍娓娓道来，仿若那位老师在我面前讲课。崔巍的眼睛里显露出快乐的、欣赏的光芒。

"1993 年我毕业了，1994 年 8 月正好是第四届"桃李杯"舞蹈比赛，当时我创作的舞蹈《泪土》获得了现代舞最佳作品奖。记得当时准备去北京读书，很多人都认为我肯定不会再回杭州了，现在又获了国家级的奖项，就更不会回来了。我觉得人要'言必信，行必果'才可以，临走时我对单位领导说，我非常珍惜这次学习的机会，我一定会回来的。"

"那您父母希望您留北京或者回青岛吗？"

"他们确实对我影响蛮深的。1984 年我被分配到杭州，当时还有点小失落，父亲反复嘱咐我一定要服从国家分配，在杭州好好工作。外界经常会片面地认为学习跳舞的人，头脑简单，四肢发达。关于文化修养的培养，特别要感谢我的父母。在北京读书的时候，他们每年都会为我开出必读书单，到毕业的时候，像《红与黑》《战争与和平》《安娜·卡列尼娜》《基督山伯爵》《红楼梦》等都是硬生生啃下来的。"

"真的非常不容易，在苦练舞蹈之余都能看这么多书。"

"确实要感谢父母。这些都是无形的力量，为我今后的艺术创作打下了坚实的基础。还有就是父母经常会用书信往来的方式了解我、关心我在读书期间的思想和生活，像傅雷家书一样。我每隔 1 周或者 10 天左右就会收到来信。"

但将千岁叶，常奉万年杯

"从北京舞蹈学院编导系毕业回杭州后，我的第一部舞蹈作品是《阿姐鼓》。为创作这部作品，我先后 4 次走进西藏，还去了藏北无人区。起初是好奇，一路行来，从体力上的变化开始，我渐渐进入了迷茫的状态。迷茫来自两个层面：一方面是身体上的。高原反应让我无法像原先设想的那样，将注意力和好胜心只投入舞蹈艺术中。另一方面是思想上的。很长很长的路途，仿佛无穷无尽。车在藏北无人区无休无止地开着。对海边出生的我来说，无法抵达的感觉，让我对自己的期待降到了尘埃里。全靠信念支撑着。有时仅仅就是想吃一碗水蒸蛋。想着到达前面的目的地，可以吃上几口蒸蛋，即便在车里昏昏沉沉，也会觉得有了一丁点儿希望。在连续 10 多个小时的车程后，终于，我们这支由 3 辆车组成的采风小队到了一个小酒馆。"

"赶快，要一个水蒸蛋！"我说。

"要了。可是没有吃成。因为在高原上，蛋蒸不起来！当物质的需求简单到极点，人，到底因何而生？就在那个小酒馆外面，我得到了第一个回答——舞蹈，可以让人生存。在那里，我看到了藏族小伙子弹着琴跳着舞，欢快的节奏，美妙的舞步，让人'吃惊'。

"在绝境中懂得乐观，对生命的乐观。后来我用一个有关女主角和 24 个男孩子的爱情的舞蹈来诠释快乐，就是我在那里感受到的他们的那份快乐。采风就是要遇到触动你心灵的东西。我提炼了《阿姐鼓》的主题——热爱生命，热爱自然。

"还有一个难忘的情节：在一个背风的山脚下休息时，我看见远处有一个小黑点，而这是个走几天几夜都无人烟的地方。当时很好奇这是个什么东西，走近才发现原来是一个牦牛帐篷，帐篷里住的是藏族群众，一家五口，爸爸妈妈，以及3个孩子。孩子都还小，一个刚刚会走路的样子，一个还被抱在怀里，最小的那个还只知道睡觉。对我这样一个不速之客，这家人并没有像我想象的那样感到意外，而是请我坐下来。我用汉语，他们用藏语，双方只能相互用手比画。后来，我怎么也想不起来到底谈了些什么，只知道彼此都明白了对方的意思。

"这是一种奇异的感觉，两个女人遇见和交谈，对彼此都是一种治愈。卓玛，其实我不知道她的名字，《卓玛》是后来的舞剧《阿姐鼓》中的灵魂舞蹈，而它的灵感就来自这一次遇见，所以这个有3个孩子的年轻藏族妈妈，我们姑且叫她'卓玛'。卓玛很少遇到外人，她遇到了我，认为就是神的恩赐，所以她很高兴。而我在陌生而广阔的无人区中，遇到这样鲜活温暖的一家人，是一种抚慰，所以我也高兴。

"在那次今天看来没有内容的交谈里，我捕捉到了一种人的需求。相遇之后是告别。我与卓玛将继续各自的'路程'，挥挥手说一声再见。我走回自己的车队，发现卓玛抱着孩子一直缓缓地跟随着，我挥挥手，让卓玛回去，意思是不用送了。卓玛停了一下，在离车队不远的地方站住，她的目光仿佛在说'你们慢慢走'。车队启动了，我往车窗外看，看到了卓玛和她的孩子。她抱着孩子，脸上是朴素而纯洁的笑容。这是怎样动人的笑容，那么简单、清澈、透明、深邃！即使环境艰苦，即使物质匮乏，卓玛和她的家人依然可以笑得这么干净和投入。他们真诚对待并信任陌生的过客。我在这一瞬被彻底击中。在西藏近1个月，一路采风，我要的是什么，在这时忽然明朗。我的舞蹈，要讴歌灿烂的生命，讴歌在绝境中绽放的笑容。这便是后来《阿姐鼓》中的舞蹈《卓玛》。"

《阿姐鼓》开了国内舞蹈诗剧的先河，先后获得了全国舞剧展演7

项大奖和文化部"文华导演奖"。该剧作为杭州歌剧舞剧院保留精品剧目，自 1997 年开始公演，至今仍然久演不衰。

机不可失，时不再来

"《阿姐鼓》带来这些荣誉以后，您会不会有小小的自我膨胀？"

只听得崔巍深深叹了一口气，顺着眼，黯然地望着远方，神伤都倾泻了出来。"没有来得及，之后 5 年，一个作品都没有机会编排。我选择再次读书，读了浙江大学艺术学习第一届研究生班，用两年半的时间充实自己，找点事情做。回过头来，我其实很感恩那一段时间的沉淀。那时候挺难熬的，但是没有这样的沉淀期，就没有机会读书和思考了。我也渐渐明白了有些东西，可遇不可求。"

"让您把舞蹈的知识体系重塑了一次，对吧？"

崔巍微微点了点头，此时，阴影仿佛笼罩在崔巍身上，我明显感觉到了她的无奈和忧伤。

"到了 2006 年让我创作首届世界佛教论坛的开幕式演出，那时候我在美国读书，被紧急召回来，时间只有两个月左右。《和平颂》在首届佛教论坛大会上演出，有来自全世界的 1000 多名高僧观看，当时我觉得真的要感谢自己去过西藏。在西藏感受过的那种宁静，让我的编排有了灵感源泉。这部舞台作品将端庄妖媚的敦煌飞天、低沉凝重的西藏唐卡、苍劲有力的少林功夫等融为一体，以佛教诞生和随后传入中国的历史为线索，用歌舞、武术、器乐等形式，把敦煌艺术、少林武术、中国书法等中华民族优秀传统文化推向前台，艺术化地演绎了佛教文化与中国传统文化相互渗透融合、共生共荣的过程。

"我让一头真的大象迈上了舞台，坐在它上面的，是释迦牟尼的扮演者。这出人意料的舞台处理，让现场的高僧们纷纷站起来，双手合十。但这看似简单的处理，要在舞台上实现，除了挑战观众的视觉观感，也挑战舞台的调度和运用。为了让大象自如地进出，剧院第一次将整个后台彻底打开，将舞台的背面扩充贯通。出人意料的场景，出人意料的观感。我喜欢打破格局，突破想象。"

"为什么在全国这么多舞蹈编排导演中选中您做奥运会开闭幕式执行副总导演呢？"

"叩响'命运之门'的是张继钢导演的一个电话：'崔巍，你在忙什么？想参加奥运会吗？''啊！奥运会？我又不是运动员。'他说是来北京参加奥运会开闭幕式的创作团队。我有点蒙了。完全听不懂张继钢导演在说什么。继续问他去北京参加奥运，那得多长时间啊。他说2008年结束，两年多时间吧。当时听到后我脱口而出：'不行不行。我……我很忙！'结果张继钢导演以他一贯的严肃语气说：'凡是能进奥运会创作团队的人，每个人肯定都比你忙！'我差点没好意思再接着陈述自己的忙，但还是叨叨了几句：'得帮别人评职称，得参加市里舞协换届，得给艺校学生上课，得给团里青年演员排新剧目，得为舞剧《阿姐鼓》申报国家舞台精品工程做各种准备……''《阿姐鼓》勉强可以算作事儿，其他统统不算！'我还继续为自己开脱是真的很忙：'这不是来北京转机嘛，明天就要随团去泰国演出。'结果他最后说完像"电影台词"一样的结束语，——'你好好想想。等你回复。崔巍，我告诉你，祖国利益高于一切'就挂了电话。

"真的，还是得感谢《阿姐鼓》这部剧，他们在一开始已经了解了创作《阿姐鼓》的我，所以说人生的每一步路、每一段征程，都要用心去走，无论大事小事，都要认真去做，不要去计较得失，做人也是如此。党中央、国务院在北京人民大会堂举行盛大表彰会，表彰奥运会开闭幕式等重大活动的所有参与者。我记得那天下车发现天安门广场上没什么人，于是就拍了张合影。照片上，张继钢导演穿着军装，张艺谋导演穿黑色中式正装。我自己傻乎乎的，居然连正装都没穿，出门时随手披了块玫红色的披肩。这张合影成了我'奥运岁月'最后定格的瞬间。"

此时的崔巍自信洋溢，巧笑嫣然。

位卑未敢忘忧国，留取丹心照汗青

"《阿姐鼓》给我的是心灵上的成长，奥运会给我的是经验上的成长，我们所有人都应该为祖国自豪，没有祖国的强大，就没有我们展示才华的机会。奥运会结束以后我的爱国情怀更浓了，总觉得要为祖国做点什么。2009 年听到了大运河申遗的消息，为祖国效力的精气神又上来了。当时剧团和大运河就差了一个路口，不用两分钟就到了。2009年我就提出了策划，一位老师说一部 60 集的电视纪录片都很难讲清楚大运河的千年历史，一部约一个半小时的舞台剧能够展示千年大运河吗？一开始我不以为然，想想奥运会这么难的事情都做下来了，这应该也能做到。经历了后来的不断采风学习，越深入了解，越发现确实是有点难的。

"我是想了很久才想明白，千年大运河，一部戏无论如何都承载不了。想去承载所有，必然顾此失彼。我们是组成历史的一个小分子，怎么可能去完全表达。我们不能在舞台上教历史课，人家上网查查就知道了，何必来你的剧场，况且你也教不了历史课。我一直在慢慢地思考，

《遇见大运河》在国家大剧院上演

不断地推翻。心里变幻出了这样一个舞台，满是泥土和水。泥土是人，水也是人。泥土、生命、水，混合在一起。泥土筑起堤坝。演员是泥，也是人，也是堤坝。这是一个把一切都搅拌在一起的舞台。远远的一道地平线，男人女人在狭小的空间里挤压着，挣扎着。或许观众在尖叫。这就是大运河开凿的故事，成千上万的民工在这里贡献了身体和精力。舞蹈必须揽炼出精神、又要让观众看得懂。

"有人说这部作品没有超越《阿姐鼓》，我觉得其意义是不一样的，它不是孤芳自赏的，而是从应该为社会做什么，为历史做什么出发。"

崔巍娇小的身躯里蕴含着巨大的、欲蓬勃而出的能量。我明显地觉得她高大了很多。只听她慷慨激昂地说道："今天的我们为大运河的书写做什么？千年来人民造就了大运河，历史是人民书写的。未来的千年是什么？我们会老去，但是大运河还会流淌，这个是我在大运河里所思考的，这是我的使命。我应该怎么编排？后来我把这个点打通了，大运河的男主角出现了，他是现在的我们，而女主角就是千年大运河的一滴水，两个人的相知相爱相恋，不是单纯的人的恋爱，是我们对历史对自然的大爱。

"这是历史，这是自然，这是我们对历史的一份敬畏。一滴水就是我们的历史，运河还在流淌，这滴水带着大运河从开凿开始，走进了漕运繁荣时期，走进了慢慢被遗忘的岁月。

"为什么要叫《遇见大运河》？我们不想做客观的大运河，我们想做的是人和大运河。但为什么叫《遇见大运河》？因为每一个观众都可以遇见，遇见了就是参加了。观众不仅仅是来看戏的，他更是参加了大运河文明的传承保护行动。

"所以在创作之初，我们就设计了两条路线，一条是沿着中国大运河6省2市巡演，一条是走遍世界运河。终于，我们用了5年的时间，跨越五大洲，遇见了法国米迪运河、德国基尔运河、埃及苏伊士运河、希腊科林斯运河、美国伊利运河、巴拿马运河、俄罗斯莫斯科运河、瑞典约塔运河，遇见了运河两岸的人民，遇见了运河灿烂的历史文化，遇见了人类命运共同体的共享共融。"

"我觉得您采风'采'得如此深邃，是'采'到骨髓里的人，演绎了一条世界运河。"

"因为我成长的所有机会都是强大的国家给予的。无论是2008年参与奥运会，还是2009年创作大运河的舞台，还是2016年参与G20杭州峰会，我见证了国家的发展和日益强大。2016年G20杭州峰会时，在西湖上的'一汪水'得到全世界认可，它表现的是一种从骨子里散发出来的自信、从容、坦然。"

　　和崔巍告别时已是深夜。看着她坚定的步伐，忽觉时光荏苒。漫漫红尘路，几番南北辗转，她虽然不是江南女子，却有江南女子之心、江南女子之情、江南女子之韧！跟随她的是自信、从容、坦然。

专访于 2020 年 12 月

笔下牡丹，胸中家国

——专访花鸟画家何水法

人物名片：何水法，祖籍浙江绍兴，1980 年毕业于浙江美术学院（今中国美术学院）中国画系花鸟画研究生班。浙江省特级专家，中国艺术研究院研究生院教授、博导，享受国务院特殊津贴。曾任全国政协委员、浙江省政协常委。现为浙江省政协委员、浙江省人民政府参事、中国美术家协会理事、中国美术家协会中国画艺术委员会委员、中国画学会副会长。

12 月末的一天下午，我们来到"樱花阁"拜见画家何水法先生。我正在大门处摁铃，未见先生却闻先生在楼道间发出洪亮的声音："你们来了，不好意思，让你们赶来！"听得心里一阵温暖，一路的忐忑早不见影子了。抬头一看，我马上被他吸引了过去——魁梧且挺拔的身材，银白的络腮胡衬着他那绛红色的毛衣，眼神里透露出一股诚恳的热情，给人一种坦荡荡的感觉，哪里找得出一点古稀之年的痕迹来！在他面前仿佛可以卸下精神的包袱。先生并没有像外传的那样桀骜不驯、骄傲高冷，我可以自然地、纯粹地面对这位生活经历和艺术经历丰富的大师。

2014 年我的诗集《流淌的诗画》的书名是先生的弟子沈浮题写的，

在 3 年之后我和先生终于相遇，顿觉欢喜！一进门，就看到先生的一张圆眼白须红围巾半身油画像。"好精神！"先生圆眼一抬，拎着开水，大着嗓门说道："这幅油画是俄罗斯列宾美院克里万诺斯教授画的。"先生一边说一边醒茶。在自然娴熟的一起一落之间，悠悠的茶香就在我们唇齿之间了。

先生师从陆抑非先生，同时期给他以指点的，还有吴茀之、陆维钊、诸乐三等名家。大江南北的花鸟都在他的笔墨下尽显灵性与活力，无论是在《一树山茶落晚晴》《神州春引万枝金》还是在《纷纷红紫竞芳菲》中，他都巧妙地运用浓而不浊的墨色，展现春夏秋冬、万紫千红。在他的画笔下，生命力源源不断地向外喷发。

绿艳闲且静，红衣浅复深

艺术是有密码的，而先生的艺术密码有 5 个。

密码之一是形的密码——牡丹。早闻先生最爱牡丹，也成名于牡丹，人称"何牡丹"。先生说，人民喜爱牡丹的大气从容、贵气明朗，他就画牡丹给人民看。《丝路花雨》这本画册中的首幅作品《春光无限》把牡丹的激情、向上、缤纷、活泼呈现得酣畅淋漓。先生的任何一幅牡丹画作，都既有传统的花开富贵之义，又有现代的积极向上精神。先生之名，随牡丹不胫而走；毛主席纪念堂、中南海贵宾厅、钓鱼台国宾馆都有其作品。

听先生说，他的名字初为水发，父母后将"发"改成"法"，不料，多年以后，遂成"国画八法"之"法"，有些巧合总在有意无意之间形成。先生曾作巨幅泼彩《牡丹》，乃师陆抑非先生题字，曰"休言泼彩是新路，水法通时八法通"。刘海粟观看先生的牡丹作品后赠诗："疮痍满目小楼寒，静极无聊酒瓶干。忽见山东菏泽本，敢遣春色上毫端。"

积极向上的精气神还体现在先生的穿着上。先生拿出一本《中国文化人物》（特刊），看着里面先生的照片，其着装不是大红大绿相间，就是黄绿相隔。几乎所有的画家都会有那么点与众不同——如先生在"抱华追梦——何水法花鸟画展"开幕式中着中国红中式大褂、牙白色长裤，加上身材高大，双眼有神，浓墨重彩，非常光彩夺目。写着写着我顿悟了，先生是真正爱牡丹的，既把牡丹珍藏画中，又将其体现在生活中。对啊，先生本身就是一株忠诚、热情、光芒万丈的牡丹啊！站在丛中笑！

愿得此身长报国，何须生入玉门关

先生的艺术密码之二就是心的密码——家国情怀！

爱国是一个亘古不变的主题，多少文人墨客把爱久久吟诵。张横渠说："为天地立心，为生民立命。"我总是在想，人处在这个世界上，当以何种姿态面对这个世界。叩经问史，朝山谒水，回答的声音说，世界属于有家国情怀的人，世界为有情怀的立心者鼓掌。

先生已到古稀之年，丝毫看不出苍老，风采依然。这次相聚，先生讲述了诸多往事，回忆了他的青春和梦想。话语间，不难领悟出先生笔下的丹青岁月与家国情怀。回到家中，我阅读这本画集，犹如翻阅一本相册，时间的脉络和历史的线条如此清晰。在画中，先生走过的山水、经历的往事，以及对尘世的感悟无不透露出一种岁月的积淀和一个画家的民族豪情。他用笔墨告诉我们人性的真谛和美的本真，为我们描绘他难以忘怀的往事和浓郁的家国情怀。作品在让人感受到豪情万丈的同时，还让我们领悟到真善美。

粗看先生的画，似乎就是阳光灿烂、五光十色。细看才发现，先生将画中的牡丹花背后的悠久历史和优良传统结合起来，每幅画都凝聚着先生的智慧、豪气、忠诚、情怀。更重要的是，你看着看着会从欢喜到凝重，再到感动得泪盈，感动于先生如此炽烈的爱国热情，每一笔每一画都浓郁饱满、豪情万丈。

感受之灵、观察之细、忍耐之坚、想象之宏伟促成其画脉，记忆流畅、造型苍劲、分析透彻成就其画旨，画面的张力使得我的心灵震颤。在艳丽明朗的画前，光明如约而至。其间是心生希望，心有坚强，心有了站立起来的力量。

先生对我说，他的小家是温暖的，家是传递爱的火炬。他工人出身，非常感谢生命中的两个女人陪着他穿过温暖湿润的春天，越过寒风凛冽的冬天。一个是只有初中文化的母亲，当时在极其困难的生活境遇下，仍然支持他花钱学习书法和绘画。一个是贤惠的妻子，一直默默陪伴他左右，支持他作画。家陪着先生经历风雨的洗礼，让他破茧成蝶。家见证了先生艺术岁月的庄严。

值得一提的是，作为全国政协委员的先生在 2010 年全国政协十一届三次会议中提出将《富春山居图》"合璧"展出的提案，在海内外引起广泛热议，经多方努力，最终如愿将藏丁浙江省博物馆的《剩山图》和台北"故宫博物院"的《无用师卷》"合璧"展出。这次展出，对于两岸关系具有深刻的意义，正体现了先生的那句"履职，要有火红的热情"。

这是先生对祖国历史和文化的忧思，亦是一种寄托和祈福。我也曾写过以"情怀"为主题的文章，做过自认为有"情怀"的事，但是像先生这样从自然和历史中领略出一种"家国情怀"是我不能企及的。这种情怀是一个人对自己国家和人民所表现出来的一种深厚的情感，是对国家富强和统一所展现出来的理想追求。它是对自己祖国的一种高度认同感和归属感，也是一个作家责任感和使命感的体现，更是一种深层次的心灵文化密码。

一腔热血筑心桥，洒去犹能化碧涛

先生的艺术密码之三是"让传统文化活起来"。

先生说中华民族的梦是代代相传的，生生不息，永无止境。先生常说，他有职责继承和发扬博大精深的中华文化，要将国外的优秀艺术"引进来"，更要推动中国优秀的艺术"走出去"和"走进去"。用实际的行动去传承我们的"中国梦"。传承中华文化，是我们这个时代的大潮流。先生说非常高兴自己能在中华文化的传承中尽一份心力。中国传统文化内容非常广泛，包括诗歌、小说、绘画、书法等，都能提供精神食粮。这些与获取功名无关。这是一笔有价值的文化财富。

人生是一条七彩路，也是一首悲喜歌，既然人生不能达到极致的完美，那就留一点残缺给岁月去回味，打开围城的豁口，让阳光照进来，给生命无限的张力和从容。能够在广阔的大自然中，感受到万物的芳香和美，在喧闹的都市中寻一处居所，生活悠闲自得，那将是一种灵魂的超越。于此，沉静了心，摆脱了浮躁，又何须庸人自扰？岁月如歌的行板，在季节中轻轻浅唱。年华似水，在季节中穿行。心有净土，洗尽风尘，做一粒种子。古圣人说过，"天地有大美而不言"。要感受天地之美，就必须走进自然，亲近自然，观察自然，体味自然。作为画者，尤

何水法在创作中

应如此。生活是多姿多彩的，艺术也是多种多样的，要以适合自己的方式有感而发地创作。

陆游有一句话说"功夫在诗外"，我一直很重视这句话，画家的修养应该是品德、学识、才情等多方面的综合。但它并不是直接表现于绘画创作的表面形式上的，而是反映在作品的意境中、格调上的，是看不见却可以感觉到的。中国古代绘画论讲，修养高了，人品就会高，而画品是由人品决定的。所谓大艺术家都是广义上的大文人，不仅画艺超人，其他方面的修养也是超人的。从事中国绘画创作的人，必须在诗词、书法、历史、哲学等方面提高修养。

人品即画品，画从心出。我的第一个感受是，何先生的画是"闹"的，是"红杏枝头春意闹"之"闹"。这种"闹"是热烈，是热情，是热爱，具有健康、明艳、蓬勃向上的时代精神。何先生的画当然来自自然和生活，但他的画同时具有强烈的个性和时代精神。

从艺四十余载，率真的先生用有血有肉有骨的画给我们以智慧的体验和哲理的思考。先生以一个画家的责任和良知，见证了国家和民族半个多世纪的风云变幻。他记述的那些花、那些物，让人喜悦亦让人忧思。先生大半生赏花阅水，但是他探寻美的眼睛从来都不限于山水之间，他灵动的目光时不时移向纷纭的凡事凡物，给人以迁思回虑的沉重与思辨。

先生游历山水、追忆历史、领略文化、感悟凡物，从心灵深处出发，每一幅画皆有"心"，笔笔散发着花木的馨香，透视着生命的守望，由此可见，先生对笔墨的倾心与倾情。就这样，何水法身背画篓走遍了祖国的大江南北，也曾远涉重洋，在欧洲、美洲、非洲、大洋洲的天空下奋笔挥毫。

2010 年，何水法被乌克兰利沃夫国立艺术学院授予"荣誉博士"

学位; 2013 年, 波兰、意大利先后为其成立 "何水法艺术中心"; 2015 年, 何水法当选为 "乌克兰国家艺术科学院院士" 和意大利昂布罗修学院院士。他的每一场国外展览, 展厅里都满是金发碧眼的西方人, 他的人生目标是继承和发扬博大精深的中华文化, 将国外的优秀艺术引进来, 推动中国优秀艺术走出去。他要让中国的优秀艺术作品, 真正走入西方主流社会。

2015 年 9 月 25 日, 时近中秋, 何水法携 150 余幅新作来到首都, 在中国国家博物馆接受世人检阅。这是继 1993 年、2006 年之后, 何水法第三次进京办个人大展, 磅礴的气势、盎然的生机, 有声有色地引领着当代大写意花鸟画的风向标。既有大气磅礴的巨幅画作, 也有婉约细腻的精妙笔墨, 何水法用画笔书写着丰富的内心世界, 体现积极向上、蓬勃热烈的时代气象。

2015 年 10 月中旬, 先生马不停蹄地奔赴意大利米兰, 参加昂布罗修学院亚洲文化研究院学术节, 并举办个人展览。学术节当年邀请出席的中国专家只有两位, 先生是其中之一。美丽的西西里岛为其建立了 "何水法艺术中心"。还是在几年前, 意大利昂布罗修图书馆副馆长傅马利到浙江大学演讲, 提到了当时尚未谋面的何水法: "我见过何水法先生画的一个苹果, 那幅画让我想起了卡拉瓦乔的《水果篮》。" 而傅马利提到的这个苹果, 来自何水法 2010 年创作的《太平图》, 画中的苹果娇艳欲滴。正是这个苹果, 让傅马利产生了邀请何水法在学术节上发表讲演的想法。"在何水法先生的作品里, 我们似乎可以看到中国画艺术的过去、现在和未来。" 傅马利说, "他的作品有传统中国画的精髓, 也有当代艺术的面貌。这正是我邀请何先生参加学术研讨的原因。" 先生的演讲主题是中国文人画的发展, 他将重点放在了宋代。

　　2016 年 9 月 4 日，G20 峰会在杭州召开。而在此前，何水法为本次峰会创作的 20 国国花画展也在杭州开幕。他将笔下包括中国牡丹、英国玫瑰、韩国木槿、意大利雏菊、加拿大红枫、法国鸢尾、印度红莲在内的 20 幅国画作品献给了 G20 峰会。先生说："每一幅国花作品都代表着一种历史、一种精神。这些作品不仅要反映花的情感，画出花的

何水法写意花鸟画作品

生命之气，而且要反映风土人情和历史面貌。"

先生的画，真的变成了沟通中西文化的桥梁。他真的把中国的传统文化带到了国外，并且让其大放异彩。

为了响应"一带一路"倡议，先生积极投身中国国家画院"一带一路"国际美术工程关于"深入生活、扎根人民"的主题实践活动。

继承和发扬中华文化，让中华文化重新傲立于世界民族之林，正是先生的梦想。"弘扬中华优秀传统文化，是一个文艺工作者的责任。"先生是这样说的。

凝香一支笔，春满灿抱华

先生的艺术密码之四是常拥一颗感恩心。

先生是一个在生活中实践艺术的人，带着一支笔走南闯北。先生说，他非常珍惜年轻时的这段经历，它给他的回报远远超乎他的想象。他曾经八到菏泽，牡丹的写生画稿有上千张。读万卷书，行万里路，各处的风土人情让先生对各种名著有了更深一层的理解；重要的是，这段经历让先生对基层人民有了很深的了解，比如了解了他们的生存状态和疾苦，让先生有了悲悯的情怀。回顾这段经历，先生只有一个字：值！

此后，热衷于公益事业的他，多次到平乐村指导农民画牡丹，并且捐资 100 万元为当地村民筹建希望画院。不仅如此，平乐村的农民画家还能走进何水法创立的抱华楼中国花鸟画写生创作班学习。先生时刻关注绘画教育，一直希望将师徒授受式教学这种优良传统发展下去。2004年起，他先后在杭州师范学院美术学院、中国艺术研究院、《美术报》开设花鸟画高研班，免费开课授徒。先生既锦上添花又不忘记雪中送炭。

先生捐 30 幅画，帮助菏泽建起了一座漂漂亮亮的博物馆，他担任了博物馆名誉馆长，而开馆的第一个画展就是他办的。

一寸丹心图报国，两行清泪为思亲

先生的艺术密码之五是不忘初心！

党的十九大召开的当晚，心潮澎湃的先生洋洋洒洒写下了 2000 多字聆听党的十九大报告的感想。一周后他就拿着一支画笔启程去延安寻找初心。

牡丹，先生心中一盏永不熄灭的灯！

延安，先生心中一盏永不熄灭的灯！

延安，盛开在心中的牡丹！

延安，在深秋暖阳下，在连绵山峦间，如美丽的火焰般升腾而绚烂的牡丹……原来，花也是鲜活的，是有灵魂的。

先生笔下的延安清澈有活力。那些在延安画的素描作品，点点滴滴展现给我们的是一幅幅充满生命张力的图画，仿佛一声声劳动号子穿越半个世纪的光景，如此酣畅、响亮、生动。缕缕晨雾在村前屋后袅绕着寂静的时光，唤醒黎明前的朝霞，这温润的旧日风景，虽然远去，但是线条间流溢出的那些跌宕的往事却激荡着我们的思绪。先生用他特有的轻灵的笔，让路"有音"，让门"说话"，让花"撩发"，让雨"有意"，让鸟"啁啾"，让初心"守望"，让"山丹丹花开红艳艳"，让世间的生灵在他的笔下活过来。朋友情、山水情，以及家国情在先生的笔墨里跳动。

在创作中，先生竭力调动多维的视角，用一颗真心和一双慧眼去触摸和记录人与自然的伦理语言。正因为如此,先生的画中有一种脉冲,通过炽热的线条,抵达我们的心灵深处,让我们热血沸腾,进入一方繁华绚烂的新天地。

"我们需要的是现代意义上的守望,用现代的形式来固守传统的笔墨精神。在此基础上寻求创新。"何水法说,中国画要体现优秀文化,笔墨一定要传统,但内容要具有时代的面貌。"中国画要不断创新,坚守为人民所画,画人民喜爱的作品。"

立情怀者高洁,得情怀者清欢。先生有着高昂的精神,有着淡泊的心灵,世界亦会为之鼓掌。

走出"樱花阁",华灯初上,行人匆匆。可先生画室给予我的那份豪迈松涛之气,令我不觉半点燥闷。让我敬仰的不仅是先生的画、文字,还有他那"寄意寒星荃不察,我以我血荐轩辕"的家国情怀。

专访于 2018 年 2 月

第三篇

俏也不争春

晴空一鹤排云上，便引豪情到正泰

——专访正泰集团董事长南存辉

人物名片：南存辉，浙江乐清人。现为正泰集团董事长、全国工商联副主席。先后荣获"世界青年企业家杰出成就奖""中国青年企业家管理创新金奖"等奖项，以及"中国十大杰出青年""中华十大管理英才""中国年度商业领袖"等荣誉，并连任第九届、第十届、第十一届全国人大代表，第十二届、第十三届全国政协常委。

春节前的一个午后，几经辗转来到了浙江正泰电器股份有限公司。和南存辉董事长相约的时间是下午4点，时间未到，因此在办公室老师们的陪伴下，进入正泰的文化廊参观。我看见一组截至2017年6月的数据：总资产500亿元，销售额500亿元，同比增长11.4%，利润增长30.1%。利税总额50亿元，员工30000余名，97个海外子公司，2300多家经销商……企业如此高速的发展让我惊叹。我见识了机器人精准且优雅的操作模式，可以在视频中清晰地看到产品自动编码管理系统如何运行，正如抬头看见的一句话——"在这里，看见未来"。正很想知道在哪里看得见正泰的"过去"时，看见一位步履匆匆如风的人。正在猜是不是南董，彼声响起："南董你过来了？我们在这里。"我一抬腕表，

南存辉与作者的合影

很是准时，4 点。这位风一般的人走近，握住我的手说："辛苦你了。"我一笑，抬首看到的是一双明亮、坚定的眼睛。

一直认为一个时间观念很强的人，是可以信任的。因为他对你的生命给予时间上的尊重。一落座，我也抓紧时间拿出笔和笔记本，开始我们 60 分钟的"聊天"。

弄潮儿向涛头立，手把红旗旗不湿

我坐在他的斜对面，看着他：清秀的眉骨、俊朗的面庞，简洁的白衬衫，深蓝色的外套上找不到丝毫褶皱，映衬出他保持良好的身形，一双如海的眼睛透出一份"儒雅范儿"，他始终保持优雅的坐姿、谦和的笑容。他就是"60后"浙江正泰电器股份有限公司董事长兼总裁南存辉。我对南董说，想听听他眼中和心中正泰的"过去、现在和未来"。南董自嘲地说："以前我仅仅是一名修鞋匠。为了减轻家庭的负担，初中未毕业就干起了修鞋的工作。修鞋的时候，鞋子的针脚我都缝得整齐划一。但是我只想让自己人生有一点点不同。"

南存辉在修鞋的几年中一直在寻找机会干一番事业，无意中从朋友那里得知电器市场有很大的发展空间。他很善于从别人忽视之处发现商机，于是和其他3人合伙，租了一个柜台，吃住睡都在店铺里，1个月后，盈余35元。他笑着说："我是一个一有土壤就发芽，给点阳光就灿烂的人。"尝到这个甜头后，他和其中一个合伙人，按下了创业的启动键——1984年创办了乐清县求精开关厂，这是正泰集团的前身。南存辉说，那时他成了一名小小生意人。

仰天大笑出门去，我辈就是正泰人

南存辉是一个"有机会就抓住机会，没有机会就创造机会"的人，多谋善断，魄力十足。刚开始，乐清县求精开关厂是一个只有5万元资本、1万元产值的家庭作坊式小厂，老板加员工一共8个人。到1990年，公司资产近200万元，年产值近1000万元，员工队伍也发展到近100人。南存辉的从商路漫长而多彩，就像在大海上航行，有时风平浪静，行驶顺利，而有时却惊涛骇浪，行驶艰难。到1991年引进外资，成立了中美合资的温州正泰电器有限公司，"正泰"之名由此发端。公司以资产为纽带、产品为龙头，进行兼并组合，于1994年成立行业内首个企业集团。随后又成功进行股份制改造，企业规模快速扩张，并以低压电器为基础，向中高压和成套设备延伸，成了低压电器行业产销量最大的企业，并初步奠定了在中国工业电器领域的龙头地位。基业长青靠诚信。他认为，诚信对企业发展的重要性就相当于心脏对于人，心脏停止跳动，生命就不存在了。南存辉在言谈之间，淡定自若，幽默爽朗。我了然，只要南董心中的灯塔不熄灭，就能沿着自己的航线继续航行。每每遇到困难，南董总安慰自己说："这不是最难的，生命还会给你布置更难的功课。"每每遇到喜事，南董也跟自己说："存在心里，不要忘记。要懂得感恩。"岁月激荡，商海风云中，南存辉是一个正在被解读、不断被刷新和诠释的新时代人。

随风潜入夜，润物细无声

"我们正泰始终将企业文化建设放在提高竞争力的首要位置。"南存辉说，"中国民营企业最终比拼的不是人才、市场、资金，而是企业文化。"

南董认为强企首先要强人，对民营企业来说更是如此。先进的技术、工艺、设备可以引进，但高素质的管理层和人才基本队伍则要靠自身努力和企业来培养。

南董除自身潜心阅读之外，他还把每天的学习感悟与朋友分享，一年三百六十五天，从不间断，这样的耐心和坚守已成为他的"南存辉金句"。"我在商海打拼，很多时候靠的就是'悟性'，对生活的感悟，对生命的感悟，对事业的感悟。"南存辉的感悟除了在一句句金句中体现外，亦融入了正泰的文化建设中。身为正泰的掌舵人，南存辉分外推崇以人为本的管理。"企业在社会的构成中和一个家庭类似，如果让每个员工都感觉到，他的工作对这个家庭来说是多么重要，那么统一的价值观就形成了！一旦形成，这种力量是不可抗拒的，就会改变企业的命运。"理性应对工作，感性对待员工，南存辉的重情重义与商业智慧完美结合。

长风破浪会有时，直挂云帆济沧海

南存辉一直把南怀瑾老先生的话记在心上——"要认真，别当真"，即以出世的心态做入世的事。他深信：有这样的平常心，才能做出不平常的事情！"做制造业尽管辛苦，但安心。当年外国同行想方设法要收购我们，收购不成就跟我们打官司。从国内打到国外，从一个国家打到另一个国家。但我们没有被打倒，我们做出了更好的产品！过了几年，果然发现外国同行侵犯了正泰的知识产权，我们反诉他们，最后获得对方的赔偿。正泰就是在各种困难中成长起来的。"

国家的"一带一路"倡议是正泰全球化发展的新契机。2014 年 11 月，正泰在陕西咸阳建立正泰电气产业园，它成为正泰融入"丝绸之路经济带"的起点和辐射中亚、西亚的"重要战略高地"。2015 年 3 月，集团参与发起成立"绿丝路基金"，在积极"走出去"的同时，也通过发展绿色能源的方式改善丝绸之路经济带的生态环境。德国法兰克福有一条路以中国企业"正泰"命名。这在德国史无前例。时至今日，正泰已服务全球 120 多个国家和地区，并建立了多个海外工厂，雇用当地员工，实现本土化发展。近年来，南存辉敏锐地抓住了新能源革命的契机，让正泰成为在全球都有话语权的中国企业。此时，南董抬首望向远处，然后对我说："我们正泰的梦想是，今天'让电尽其所能'，明天'让电无所不能'。"

丹心未泯创新愿，初心犹在求是辉

管理顾问詹姆斯·莫尔斯说，可持续竞争的唯一优势来自超过竞争对手的创新能力。南存辉说："以正泰为例，正泰每年拿出销售收入的3%—10%用于研发。每年研发费用近20亿元，仅去年，正泰在高端智能电器研发领域的投入就达8亿元，取得了300多项专利成果。我们将最新科技、最新技术贯穿整个产品的工艺、设计、规划和制造等环节，致力于成为全球领先的智慧能源解决方案提供商。"为响应"中国制造2025"，南存辉提出了"正泰2025发展战略"，该战略深度聚焦智能制造，同时加快互联网、大数据、物联网、人工智能与制造业的深度融合。南存辉说："近年来，正泰主动在制造业上'＋互联网'，积极发展智能制造。"在浙江海宁，正泰建成了全球首家互联网"光伏＋透明工厂"，能够实现定制化设计和生产，全自动化流水线工序，全程透明可控。在杭州，全新打造的正泰新能源杭州智能工厂第一块光伏组件下线，标志着代表当前国内光伏行业最高制造水平的组件智能工厂正式进入量产阶段。南存辉称，这是正泰推进智能制造的阶段性成果，未来还会有更多惊喜。

南存辉曾一再拒绝转投房地产，他说："虽然当时放弃了这样唾手可得的香饽饽，也引起董事的不满和非议，但还是坚守下来了。"此时我看到了南董坚定的眼神，我想这就是企业家具有的超前的眼光。

赠人玫瑰，手有余香

有 3 句话，时常萦绕在南存辉的耳边："要认真，别当真。""真话不全说，假话全不说。""须知道义无价宝，切记富贵有尽期。"他解释说，第一句来自他的族伯父南怀瑾先生，第二句是季羡林先生的智慧名言，第三句则是南怀瑾先生当年手书送给他的。"我们通过做企业，悟到了'赚钱第一，不是唯一'。"他感悟到他们有这么一个幸运的机遇，能够赚点钱，能够做点事业。做事先做人，不光是为了赚钱，应当想到还有一种社会责任，即"道义无价宝"。他也是这样身体力行的。

所以，在 2014 年的正泰创业 30 周年纪念大会上，南存辉董事长亲自启动了"正泰员工全球援助机制"：正泰员工无论身在何方，遇到紧急和突发情况的时候，公司都会在第一时间给予援助。这在更大范围和更高层面上体现了公司对员工的人文关怀。

正泰还有"正泰公益基金会"。其设立于 2009 年 12 月，注册资金为人民币 9000 万元，是浙江省内规模最大且唯一以公益命名的非公募基金会。基金会关注环保，支持创新，已为各类公益事业捐资总价值共计 3 亿多元，积极履行着大企业的社会责任。他说，有能力帮助别人，是一件很幸福的事，也是一件很有价值的事。

清歌一曲梁尘起，腰鼓百面春雷发

作为民营企业家代表之一，南存辉在言谈中，三句不离浙江民营企业。

当我问到浙江民营企业的现状时，南董沉思了一下，说道："跟全

南存辉参加全国政协十三届一次会议

国民企目前的发展形势差不多，具体到浙江来说，因为改革开放以来先行先试，敢想敢干这种精神，浙江民企一直是领先的。要自强，得转型但不是转行，而创新驱动就是企业新一轮发展的核心。在企业转型的时候，企业要主动作为。有时需要国家政策引导，上下联动。企业家们不要满足于现状，要弘扬浙江精神，将党的十八大、十九大的精神学到位。"

当我问到"一带一路"倡议会给浙江的民营企业带来什么样的机遇时，南董眼睛一亮，说道："'一带一路'倡议对浙江新一轮的发展有非常深远的意义，主要体现在3个方面：第一是文化，特别是传统文化；第二是生态；第三是经济。"他认为，未来几年浙江又会掀起一个经济发展的高潮。

我一看腕表，还有2分钟就到5点了。"南董，作为全国工商联副主席，您对于新生代企业家想说什么？"他看我有些急了，说："别急，还来得及！"这么一说，我倒觉得不好意思起来。

他说："生于这个时代无疑是幸运的，新生代都是受过高等教育的，眼界高，视野阔，对于新事物的认知速度都会比我们更快，但是我们可以将我们这一代艰苦奋斗的精神传承给他们。不忘初心，踏踏实实做人，他们都会成为新浙商中的潮涌力量。"他告诫年轻浙商要有3个"相信"："相信党中央的智慧，相信危中有机，相信中国传统文化的力量。听中央的，看欧美的，干自己的！"

马上要到中国传统的春节了，南存辉送给即将到来的2018年春节的关键词是"拥抱未来"。

在我们聊天过程中，秘书和一个副总来了两次，催他，说有重要客人已经到了，他缓缓一笑，徐徐收回身体，看了看手机上的时间，轻轻说："我到5点钟就过来。"我深深感动，也深深佩服，这传递出他对一个采访者的尊重和鼓励。在 60 分钟时间内，南董没有接任何电话，也没看手机，他对我一直是有问必答，非常配合。而且他的态度始终如一：尊重、诚恳、真诚，递名片时会浅浅地鞠躬，和我聊天时大部分时间保持身体前倾的姿势。

看着南董匆匆离去的背影，我仿佛看到这一背影后的雄心、远见、智慧和那不畏艰险的企业家精神。因为这些，今天的正泰才能"一览众山小"。

专访于 2018 年 2 月

拈花一笑任平生，洒脱犹能是爱莲

——专访万丰奥特控股集团董事局主席陈爱莲

人物名片： 陈爱莲，浙江新昌人。万丰奥特控股集团董事局主席、高级经济师、中国十大杰出女性。曾任中共十七大代表、第十二届全国人大代表。现任中国企业联合会副会长、浙江省工商联副主席、上海市浙江商会轮执会长、浙江省女企业家协会执行会长、上海市浙江商会党委书记。

和陈爱莲相约是在召开浙江省"两会"期间，当我站在车水马龙的马路旁时，觉得所有事情都是有机缘的。下午会议刚结束，只见身穿白色西装、玫红色衬衣的陈爱莲疾步过来，犹如一股来自莲花的清新之风欣然而至。

我边吃简餐边说着来由："我相信机缘，您成立现在的公司也是有机缘的，我就想听听您的一些故事。"

陈爱莲坐着就是一幅雍容华贵的牡丹图，一开口却犹如一朵亲切可人的莲花，对我说："小沈，你好好吃饭，多吃点菜，吃饭吃好也是很关键的事情哦。"

一阵暖流从心底涌上，吹散了我心头的冷意。

陈爱莲与作者的合影

南方有佳人，翩若惊鸿，婉若游龙

饭后，我们在宾馆走廊里聊起了陈爱莲的人生历程。

"我创业以前是在政府里边工作的，年轻时拖拉机也开过，真的，我最早的时候是开大型拖拉机的。"

"真的，感觉您和海派的大小姐一样。"

"我是真的喜欢这个岗位，但是当时作为一个女同志去开大型拖拉机是不大可能的。"

"那您为什么还是想去开带有方向盘的拖拉机？"

"就像你说的，凡事有机缘，那时北大荒有很多上山下乡的知识青年，比我们大几岁。我们国家 1962 年发行的一元面值的人民币上有戴着围巾、握着方向盘的女拖拉机手。我们读书时，班级墙上就挂着这幅照片，当时就想假如有一天我也能开上这拖拉机该有多好。毕业以后，当时新昌县里买了一辆大型拖拉机，然后我马上到县政府去争取开拖拉机的机会。领导都觉得让小姑娘开不大可能。当时农机站站长说不大可能让女同志开拖拉机，但是我说在 1962 年发行的第三套人民币中，一元面值纸币的正面图案就是一位开着拖拉机的少女。我有梦想，想开，站长觉得要到党委会上去讨论。最后居然同意了！"

讲到这里，陈爱莲笑了，露出了洁白如玉的牙齿，"当时我开心得不得了，自己的梦想终于要实现了，可以转方向盘，那'突突'的声音至今想起来都很威风，自己感觉是何等自豪。"

陈爱莲开大型拖拉机

　　我眼前仿佛出现了一位少女身穿花衬衣，头戴草帽，坐在大型拖拉机上，两手端着方向盘，意气风发地"突突"开向理想的大地。

　　"开了3年多的时候，我们县政府买了一辆南京跃进牌三吨型汽车，看到了，我就又想开了。"

　　"看来您对这方向盘是非常有好感的。"

　　"是的，我有天生的好感，但当时女司机是很少的，要照顾从部队回来的转业军人。当时的吴书记说，让我开可能性不大，如果非要开车的话，那要满天下跑的。但是我告诉他：第一，这是我的爱好；第二，我有基础，拖拉机也开了3年多了；第三，家里我爸爸从小把我当成男孩子养的，我喜欢跑天下，家里很支持我的。这样一来，他们党委会讨论后居然又同意了。当时有两个人开汽车，一个男的是转业军人。这样一来，我又开了三四年。"

　　"那么一晃，从开拖拉机到开汽车，六七年过去了。"

　　"大概是6年。县机关外事办成立了之后，他们招驾驶员，我就去外事办开车，我们县里领导觉得我开得很稳，同时我也在办公室做接待工作，一边开车，一边做外事工作，所以老到杭州来开会。当时外事办想培养我做干部，我爸爸说我这人性格比较直爽，大大咧咧的，可能做不好，还是开车比较适合我。还有个特别的原因是我喜欢自己一直漂漂亮亮的，喜欢烫头发，当时烫头发还要赶到杭州、宁波这样的大城市。我还喜欢穿漂亮裙子，当时的机关女性干部一不能烫头发，二不能穿裙子，都是一双解放鞋，一个解放背包，穿着绿或蓝的裤子。着装要求我就没达到，所以我没有留在政府机关里。"

好风凭借力，一腔热血，铁面无私

"后来我遇到了我先生吴良定，他当时是个企业家，是国有二轻企业中宝集团的总经理。有时候看先生压力比较大，我想是不是能够帮助他，一起去做事。

"我思想比较简单，觉得问题都好处理，可以完整地把它驾驭好。当时正好改革开放，觉得可以去创办企业，我就到我先生的公司去做后勤工作。我管了1年多以后，单位食堂在浙江省企业餐饮评价中被评为优秀，省里颁发的牌子还在。其实我是不会做饭的，但我会管理。我在当时做了3件事。第一件事就是要求食堂工作人员把自己当成服务员，别人吃好了，食堂工作人员才能吃饭。第二件事是给加班的员工提供馒头。为了做馒头，还专门去买了机器，学做起来。第三件事是为了改善工人的工作生活条件，提出在餐厅装冰箱，因为我觉得民以食为天，如果让大家吃饭吃好了，大家干活一定会好好干的。当时在搬大冰箱的时候，我一不小心还把脚后跟搞骨折了，3个月不能下地。

"之后我被任命为制造车间副主任和制造部经理。基本上10个车间组成了一个制造部。在做车间副主任的时候，我觉得车间的男人比较散漫，车间主任管理得也比较散漫，成品率也不高。所以我去了以后专门制订了车间管理方案。"

我很好奇地问："你为什么一开始就想到制订管理方案？"

"我在县里外事办待过，跑得多，看得也多。我看过别人的管理是怎么样的，比如钢铁厂、轴承厂、制药厂，我看过这些国有企业是怎么管理的，所以我结合自己车间的情况，就开始建立车间管理制度了。当时车间有180多人，我当车间副主任，管人才、管纪律、管组织，车间主任会有意避开我，到其他地方去开会，不让我参加，现在想想都是趣事。有一天，我跑了一圈发现党员干部都不在，后来有人告诉我，他们去其他地方开会了，等我赶过去的时候，他们也吃了一惊，而车间主任见我来了，就说散会了。和电影里的桥段差不多，你来了我们就结束。但我说：'等一下，不好意思，我还要讲一讲，第一个我是管人的，第二个我是管纪律的。我不知道你们今天在这里开会，我们主任也没通知我，这是不对的，组织要有原则的。你们这样不通知我就是不对的。我要在这里讲两点。第一点，公司要有组织性、纪律性。无组织无纪律是不行的，要有一个组织体系，体系是不能坏的。第二点，有关干部的培养，干部的以身作则与干部的管理条例，我正在做管理方案，希望大家都提出宝贵意见，今天通一下气，明天开始就要上墙了，该处罚就处罚，该奖励就奖励。我表一个态，来车间两个月的时间，如果车间不做好，几项指标不达到目标的话，我是不会走的。如果做好了，实现目标以后，可能就安排调走。'那时大家都很惊讶了。这次表态以后，我就慢慢建立威信了。其实当时我到车间两个月不到，我没有从一线员工做起。人家不佩服你嘛，你凭什么进来，而且还穿得漂漂亮亮的。我全身心扑在车间上，等到员工都下班以后我才回家，天亮别人来接班的时候，我已经在车间了。你付出了，别人也看在眼里。你想让别人心服口服，自己就得以身作则。自己铁面无私，凡事都要实事求是。这样把车间治理起来了。我也从副主任升到了制造部经理。"

我越听越惊奇，越听越欢喜，好佩服陈爱莲。会生活、会工作的女人最美。一个喜欢表达自己个性的女子，一个喜欢漂漂亮亮生活、扎扎实实工作的女子，无疑是最美的。不论处于什么环境下，相信她都热爱生活、热爱工作，充满激情，会以阳光向上的心态，过好自己的日子、做好自己的工作。日子再苦，她也能过出甜头。我看着坐在对面的陈爱莲，那一份自信便足以令她散发出耀眼的光彩。

"我 1990 年入党。当了制造部经理 1 年以后，公司就安排我去当市场营销部的接待部长，说我很适合，长得又漂亮，管理得也漂亮。当时有人就这么讲：'陈爱莲要不不做，做肯定就做得很好。'我一进去就要制订计划。"

"我觉得您确实是个天生的管理者，因为您无论管理餐厅，还是管理一个车间，还是管理制造部，首先就是制订计划、制定规则。"

陈爱莲点了点头："对，我觉得做一件事情，首先得制订计划，顶层设计做好了，做下去心里就有底了。那时也发生一件趣事，我把计划制订好给了经理，经理开会只说了半小时，于是我就补充说我的想法，居然说了一个半小时。我处理事情，首先讲的是公平公正，越想让一个人进步，就越要批评他，但是都是当面批评，背后一点都不会说，做到共产党员的正直无私。有事情当面讲，凭着一股真心，对事不对人。慢慢地人家就服你了，威信也就越来越高了。"

陈爱莲说："我们副总经理比较敬业，一是他人大气，二是他人思想很开放，三是他主动要我去他的销售接待部门。之前是对内的管理，现在是对外的管理，所有来公司的人我们都要接待，出去的销售队伍共十几个也要管理，所以我一去就开始制订计划，不管你出去也好，回来也好都得按照我的计划来。副总经理非常满意，很是赞赏。他觉得他这里来了一个得力干将，很是喜欢。不像有些人觉得你能力强过他首先就要排挤你，其实是一个人的格局决定了他对人的态度。开会时他还特意夸奖我，让部门每一个成员悦纳我，无意间又增强了我在部门的威信。"

自信的陈爱莲在人生中用自己的实力打天下，用自己的真才实干博得领导和同事们的欣赏。

精诚所至，金石为开

"接待工作做了不到 1 年，集团党委派我到嵊州分公司担任厂长。当时我觉得挑战还是蛮大的，刚开始没同意。"

我惊讶地脱口问道："没同意？您一向很自信啊！"

"倒不是自信的问题，当时孩子还小，如果去嵊州，离家远，就照顾不到家庭。虽然在新昌我也是一心扑在事业上的女性，但是毕竟离家近，随时可以照顾家庭。顾虑家庭的因素可能多一些，我的理念是首先要家庭幸福，然后才是有事业。这是我一向坚持的基本思想。大家都给我做工作，董事长也见了我。后来主要是先生支持，我爸爸也支持我！"

"真好，陈董，您身边的两个重要的男人都支持您。这是最重要的力量。"

此时，陈爱莲一脸的幸福安稳且充满自信，我想那是因为爱的滋养。

陈爱莲告诉我，新公司刚刚组建，当时没有轿车，周一到周五都住在嵊州，只有周日才能回去。当时思想还比较保守，因为办厂而必须拆迁的群众来新厂里闹。一个带头人让陈爱莲不要跑。陈爱莲到城关镇的派出所去报告了这事，让他们帮忙一起协调。厂里的副厂长让陈爱莲在拆迁户闹的时候回避。陈爱莲坚决不同意，并且果断地说："回避不是首选的策略，因为我们这个厂是要开下去的，躲得了初一躲不过十五，还是要面对。第一，我们不能停工；第二，我们要一起面对；第三，他们来了就让派出所来帮助协调。"她也向群众说明了公司成立的背景和原因。后来总公司知道了以后，董事长和嵊州都帮助协调，后来就再也没人来闹过事。

　　我想这就是自信的陈爱莲，无论在工作中还是在生活中，一个自信的女人，不需要国色天香、闭月羞花，那一份自信便足以令她散发耀眼的光彩。

　　"我在嵊州也是故事迭起，一波未平，一波又起。"我饶有兴致，停笔抬头看了大气的陈爱莲一眼。"后来的故事是发生在公司内部，当时的副厂长，现在我们也是好朋友了，他这个人个性比较深沉。他自己做好人，纵容下面的人做一些不利于公司的事情。当时工人突然嫌工资低罢工了，那时副厂长出差去了，理论上这事和他没关系。我当时就提出计件制，所以懒惰的人当然钱就少了。我查负责挑头的工人，把他淘汰掉，但是恰巧这个工人是副厂长的人。3 天了，我一直找不到副厂长本人。副厂长回来后，说不行，他去做工作，让被开除的人回来。我说已经下死命令了，不符合公司要求的人就应该开除掉。

　　"我对他说，这件事情肯定和他有关的。我也对他实话实说：'我们嵊州既然要合资，就要一条心，要齐心协力做好这份工作。公司已经决定开除这人，这是没有办法再改变的，但是留下来的人要好好干。'我也对厂里所有工人讲，要多劳多得！"陈爱莲那自信的目光如黑夜中大海上的导航灯。

　　拥有自信的女人，不会在顺境中颓废，不会在逆境中低头，无论遇见什么样的挫折，都不会怨天尤人，知道想办法解决才是正道，不靠别人，不随意抱怨。陈爱莲活成了很多女人心中理想的样子。

　　"我们公司在嵊州 1 年，利润就有 300 多万元。当年投资，当年就有盈利，真的是非常少见的。当时奖励我一套别墅，还奖励我 20 多万元，我自然拿出来一部分发给其他有贡献的干部。后来我们买了大客车，那么新昌来回上班的人也方便了。第二年利润增长至 800 多万元。"

"哇。这么厉害，第一年就赢利，第二年翻了一番都不止！您的管理太厉害啦。"

此时陈爱莲展颜一笑，那份自信大放光芒！确实，自信的女人向往更上一层楼；拥有自信的女人，永不后悔，因为她们在拼搏的同时，也拥有了丰富的人生。

"我对当时的副厂长说：'你要全力支持我。我回总部的话，你可以当厂长的，我们要彼此信任，不要搞内部矛盾，把生产成本降下来，把利润提高才是正道。厂明年肯定交给你，我把基础搞好，最后成就是你的。'他笑了笑没说话，但是我知道他心里高兴了，也释怀了。后来他老婆请我去他家里吃饭了。这样，我们的精力可以集中到研发新产品上。"

在我的内心，一股欣赏之情油然而生，我说："我真佩服您的人际关系处理能力！以理服人，以绩服人，更是以情感人！"

有心人，天不负

"一晃就到了 1993 年。我回到新昌，万丰决定实施铝轮项目，当时我们是'三无'企业，一无资金，二无装备，三无厂房。我先租了一家倒闭的厂房，需要 50 万元，先欠着。有厂房还得有设备。买设备没有钱，当时有一个设备厂的副厂长来推销，我就和他商量分期付款。"

"陈董，您理念好新，20 世纪 90 年代就懂得分期付款了。"

陈爱莲莞尔一笑："也是被逼的，当时没有这么多钱。这样我的公司就慢慢起来了。设备转起来了，工作也运转起来了。后来 8 个月就还上了设备的款项。运转起来后，还需要流动资金。我认识嵊州的农业银行行长，后来这位行长到了新昌，那么我通过他这家银行贷款了 50 万元，加上之前的厂房租金 50 万元，装备赊了 50 万元，3 个 50 万元让我把公司办了起来！"

"您的魄力太大了！"我说。

"进入轮毂试制阶段，我考虑要研发新产品了。我把先生送给我的生日礼物——在香港买的一辆崭新的雅马哈摩托车的轮毂拆卸下来，充当试制参考。'依样画葫芦'地搞起了铝合金摩轮的试制。"

陈爱莲那种放手一搏的勇气让我佩服。

"1994 年产品研发出来后，我就自己去销售，我们跑到南京，跑到四川、重庆，跑到北方，跑的都是国有大企业。那时南京金城是国有大企业，有 2000 多位员工，别人试了一年都没有把产品打进去，我第一次去就打进去了！"

"为什么呢？"

"我把研发的 5 套产品带着，开了一辆面包车到了南京。当时他们的摩托车已经非常有名了，很多大公司研发的产品也都打不进去。在南京你人都不认识，怎么给别人看产品？他们工厂又是军事化管理。我花时间和门卫打交道，报了当时开行业会议时认识的一位研究所所长的名，恰巧那天这位所长真在，我在电话里说：'华所长，我带来了 5 套产品，你看哪套好，你就留下来。''我在开会，班子会议正在研究好的产品销售市场。如果觉得好，我们再订你的产品。'当时我的心都要跳出来了，我就请求他把我带到他们会议室旁边的地方，等会议开完后再请他看看，这位华所长也同意了。我们在隔壁会议室等，看着他们班子几个人在开会。会议快结束时，有一个人上洗手间，后来知道是胡总。当时我们去了4个人，我年龄最大。胡总回到会议室后问，外面是谁，有一个女的长得很漂亮，像港姐。华所长就介绍了我们，说我们带了产品来，正好大家都在，可以一起看看。这时突然阳光也灿烂起来，犹如我当时的心情。于是我们把5套产品放在会议桌上。我说产品如果适合你们的话，希望能够到车上装一装。胡总是市场部的副总经理，他有权决定要用谁家的产品。当时中南的品牌很响的，但是我说我们的产品比中南的好，还说了好在哪里。那天晚上，他们叫来制造部的副总和车间主任，把产品拿到车间里装，半夜1点去装，测试的话只能是晚上，因为系统不一样。在车间里，我们也一下子混熟了，他们试了后，说两套产品是可以做的。当时我很是激动，于是在金陵饭店订了房间，又请胡总他们吃饭，订在了饭店顶楼一个旋转餐厅，88元一个人。当时的金陵饭店价格非常高，我就想让他们觉得我这个企业挺大的，还住得起金陵饭店，也是打肿脸充胖子。住了一个星期后，他们经过讨论，第一批订单来了，订了5000套，这个数字已经非常大了。回来后我们就要安排生产。"

"那个时候有5000套的生产能力吗？"

"当时的设备有1万套的生产能力，但是技术不一定能够过关。咋办？就想到了华明星所长，请他做我们的技术指导。因为金城公司能用我们的产品就是最好的广告。华所长居然答应了，看了我们厂里的设备和技术人员后，他说公司在我的管理下一定能搞好，所以他就帮我上课辅导这些技术人员。他晚上上课，白天帮我进行质量体系建设，第一次在我这里待了15天，把我的质量体系全建好了。我们这帮人学习也很快。第一次的订单产品过关以后，第二次、第三次上万套的订单就放心交给我们了。之后就有了河南洛阳北方易初的1万套订单。

"我们又扩大生产，做了大概3年，我就开始定政策。我们要知道自己公司的定位是什么。接着就开始建设我们的销售队伍，开始进行招聘，从 100 多个人里面挑了 13 个。然后开始现场培训，工艺流程全部要学会，学会了以后就开始做销售工作，分片派出去。"

"怎么分片？"

"东南西北分 4 个方向。当时有广州本田摩托、钱江摩托、重庆摩托等知名企业。经过 3 年时间，我们研发的产品在行业里的 112 家公司中居第一位。"

我不禁惊讶地重复了一遍："112 家？这太牛了。您从开拖拉机开始到成为这个行业的翘楚，简直就是我们绍兴的巾帼英雄。"

陈爱莲大大的眼睛闪了一下："英雄倒是谈不上，就是胆子大了一些。"

我觉得她就如莲花一样，中通外直，不蔓不枝。

"那时候银行的资金应该是送上门来了。"

"是的，这里有一个有趣的故事。我开拓公司的时候，想在中国工商银行新昌分行的盛美曲行长那里贷款，结果他见了我就走。等我真正做起来后，有一次我出差回来他就来了，还带着信贷部主任，说要贷款就给我 500 万元资金，20 世纪 90 年代 500 万元资金是不得了的，相当于现在的 5000 万元都不止的。其实我是需要的，但是想起之前的情境，我就少贷了 200 万元，只要了 300 万元。我对他说，如果需要，明年再向他贷款。春节过后，他又主动贷给我 200 万元。其实合起来还是 500 万元，这样我的公司就发展起来了。"

陈爱莲的那份自信，我觉得是来自她自己的认真与努力。无论做什么，她都会全力以赴，她对待工作，就好像是在学习一样，在每一个进程中都能学到新的东西，她靠自己的创新思维和异于常人的魄力获得锦绣人生，并且一直努力着。

"又过了 3 年，我突然想造汽车了。那时是 1998 年，1993 年到 1996 年我频繁出国，准备了两年多。"

"两年多，为什么？"

"我到韩国，到日本，到美国，那时我们是组成一个 15 人左右的团队一起出国，而别人只是一个董事长、一个总经理。我们团队出去以后，白天工作，晚上进行讨论，把讨论的事情落实掉。

"而之前在农业银行嵊州支行工作的行长，后来到了新昌工作，他开玩笑似的对我说：'爱莲你永远不懂得知足。'但是我想要实现价值，总要折腾点啥。他对我说，当初在嵊州的时候，他就看好我了，也很信任我，所以借给我 50 万元。现在他也全力支持我造汽车。"

"绍兴人的魄力真的在您身上表现得淋漓尽致，您创新的脚步永远不停歇！那时造汽车并不是件容易的事情，首先要有造汽车的人啊。"

"小沈，你说得对，所以我当时招了 4 个人，年薪 100 万元。"

"90 年代就有百万年薪啊？"我目瞪口呆。

"对的，技术高于一切。"陈爱莲有力地说道，"有位小姜，老公是做美国 ISO 9000 的，那个年代大家都不是很清楚这个标准。我把她老公也请来了，一个做技术，一个做质量。那天下着蒙蒙细雨，我们到时任新昌县委书记范学康的办公室去，我向他请示，要扩展生产，需要土地。我印象很深，当时他穿着深蓝夹克衫。"

"有时候我们真的会遇到贵人，您长得漂亮，身材高挑，整个人让人感觉很舒服，然后又很大气，很时尚，很有魄力，有女王范儿。"

"小沈，你过奖了。当时范书记说这块地给你够不够，100 亩。我说太小了，将来我要做 50 个亿的产值。公司发展需要总体规划、分步实施、滚动发展，也就是需要做顶层设计。没想到范书记答应了，先给了我 500 亩。"

"2000 年，您就已经在做顶层设计了？当时的集团公司名称是什么？"

"取的名称是'万丰奥特'，'万丰'是万年丰收的意思。我是做汽车零部件起家的。'奥特'来自英文 auto 的音译，就是汽车的意思。我的品牌缩写是 ZCW，其中 Z 代表浙江，C 代表中国，W 代表产品。"

江山如莲池，一时多少女豪杰

"1998 年我们开始实施第一个'五年规划'，建立企业文化。我很注重企业文化的建设，尤其是党建方面。2000 年我聘请了县里一位干部专职做党建工作。公司里工青妇团都建立起来了，为了更好地凝聚力量，我从 1996 年起就率领团队频频走出国门，汲取先进技术和管理经验。有一次到日本考察冈谷钢机株式会社等 12 家百年企业，他们匠人匠心的文化令我印象很是深刻，所以我回来以后就总结了 3 句话：没有战略就没有方向；没有文化就没有灵魂；没有创新就没有未来。一个人的力量有限，但团队的威力无穷——这是我一直强调的一句话。企业文化的作用是提升价值、奉献社会、做百年企业。要快乐工作、幸福生活，都需要一套文化体系。每年一次，我们陆续在舟山、黄山、泰山、杭州等地举办企业文化论坛，有 300 到 500 人参加。通过文化论坛，大家和公司与时俱进。所以我们公司日益精进，这几年也收购了很多公司，有上海浦东的公司，有韩国在华的企业。韩国的企业在中国会水土不服，但是我收购的当年就实现盈利。其间，公司也培养了很多管理人才。现在这家公司都已经快20年了，对当地也挺有贡献，纳税额保持在前3名。

"还有一次，我带团队到美国拉斯维加斯，让年轻人多开开眼界。晚上看到音乐喷泉，当时我们杭州还没有。我就说，10年后我们中国也会有的。那次印象太深了，我回来以后在家里的花园里也做了一个音乐喷泉。

"考察后，我到上海浦东买了370多亩土地，造了两栋现代化的办公大楼，同时建造了一个汽车工厂，但是最后没有成功。后来反思了一下，原因主要是，我要来的人都是来自五湖四海的精英，有上海一汽、二汽的，但是磨合是个问题。后来想想还是企业文化的问题，文化没有融合，文化不相容。所以后来我就退出了。当时一家汽车公司的总经理和我差不多年龄，他非常赏识我，也和我产生共鸣。他说：'我开弓没有回头箭，只能往前走。陈总你是有态度的，你是非常有品位的一个女同志，我对你很是尊重。'他说我汽车做不下去，但是我有退路，因为还可以做汽车零部件。汽车公司前两年都亏损，从2003年到2009年这6年多，我一直用零部件产品的盈利去补汽车这一块的亏损。我选择退出的时候，全中国的合作伙伴，上游资源市场有130多家，下游的供应商有150多家，我把上海的一栋楼卖掉，没有欠他们一分钱，我们的信誉就这样维持了下来。他们对我们公司的汽车零部件有很高的技术认可度。万丰虽然不做汽车了，但是信誉很好，不欠别人一分钱，也不抽底，而且对已经卖出去的汽车保证延保3年。反过来，这样的后续处理，让我们的公司又提高了一个层次。之后没有一家汽车厂不认真、客气地接待我，出来接待我的至少是个公司副总。"此时的陈爱莲阳光明媚。

"所以，其实信誉是一种无形资本。"

"对的！在第二个'五年规划'里，我开始注重资本运营，资本运

营和实业经营相结合。2006 年公司上市了。其实 2003 年，公司就可以
这么做了，为什么到 2006 年才上市？公司全部准备好了以后，香港证监
会斯美玲带了 7 个人来公司考察项目，结果这个项目和经营制度因改革
停了 19 个月。我们公司是中国深交所第 852 家上市企业，上市后我就要
扩大生产，扩大市场，扩大人才队伍。我一直坚持以人为本。从 2006 年
开始，公司每年招 100—200 名大学生，招来以后我们就进行培训。"

"您很重视人才的招募，也很重视人才的培养。"

"是的，注重以人为本，从联系学校到择优聘任，到培训上岗，到
绩效考核，到凭绩升职，到淘汰不合格人员。我还非常注重科技力量的
发展，我们有许多专利、知识产权，我们的股票市值从 30 多亿元到历
史最高峰值 470 亿元，时至今日也有一百六十七十亿元了。"

"十几年以前，这样的理念已经是非常先进的了。"对坐在对面的
优雅漂亮的女人，我打心眼里折服。

"在第三个'五年规划'里，我注重'机器换人'，打造智慧工厂。
2014 年开始，'机器换人'成为工业领域的热词。根据公司实际情况，
我亲自动笔画了一张'智慧工厂'概念图。万丰的智慧工厂的屋顶要有
太阳能，地下要有天然气，中间是机器人，整个生产过程全部由计算机
控制。另外，打磨产生的碎屑通过专门的管道及时收集到地下，生产过
程中产生的废水要过滤处埋，循环使用，放水养鱼，符合'绿色万丰'
的发展理念。2015 年 5 月，国务院《中国制造 2025》的规划纲要正式
发布时，我们的智慧工厂一期已动工建设，走在了行业的前列。当时我
们制造汽车时，万丰就以 3.02 亿美元的价格，全资收购全球焊接机器
人领跑者——美国 PASLIN 公司，使万丰的工业机器人至少提前 10 年
登上了国际舞台，直接与库卡、ABB 等国际同行同台竞技。我们万丰

通过实施'走出去'战略后，再'请进来'，引进美国 PASLIN 公司的先进技术，接管其全球市场，成立 PASLIN 中国公司，并投资 20 多亿元建设万丰锦源高端装备园，实现了并购的协同效应。万丰机器人现在有 30 多亿元的销售额，两三个亿的净利，明年也要进入资本市场了。我们公司还收购了资本市场里的长春经开。长春经开本来是做房地产生意的，现在我要把机器人放进去，把房地产剥离掉。"

我发现陈爱莲对于自己的战略眼光非常自信，因为她每次都能准确地找到万丰应该转型的方向，使企业在激烈的竞争和变化的局势中闯出一条路，闪耀属于万丰自己的光芒。

"在第四个'五年规划'里，我就考虑资本经营国际化。考虑发展什么产业，那时候开始收购国际公司，国家提倡'请进来，走出去'，2013 年 11 月，万丰集团斥资 15.3 亿元，将镁合金行业的全球领导者——

陈爱莲团队收购美国PASLIN公司

加拿大镁瑞丁收购了。当时业界都说这笔买卖万丰亏了。我不这么认为，真正做企业的，目光不能盯着眼前一点利益。镁瑞丁的产业价值非常大，不仅可以做强，更可以做大做久！ 镁瑞丁在这个产业发展的生命周期还有三五十年，行业中的地位及未来的市场前景我是非常看好的。镁瑞丁目前在全球 5 个国家设有 6 个生产基地和研发中心，与特斯拉、保时捷等世界高端汽车品牌都保持长期合作关系。在北美的镁合金压铸汽车零部件市场中，镁瑞丁的市场占有率高达 65%。在'十二五'期间，时任浙江省委书记夏宝龙同志带着我们去印度。我们就开始在印度搞投资，后来在墨西哥、美国、德国收购工厂。"

随着陈爱莲讲述一个又一个'五年规划'，我发现她特别擅长洋为中用，非常注重博采众长。她走的是由拿来主义到自主创新这条路径，最直接的体现就是收购兼并。

"我们公司的第五个五年规划，是从高铁到飞机航空。我们战略定位是大交通。航空产业比较大，3 年以前我开始布局一个全新的领域——通用航空。当时，这还是一个很少人关注的细分市场。2016 年 5 月，国务院办公厅印发《关于促进通用航空业发展的指导意见》。中国通航作为一个产业真正开始迎来春天。这个产业此后 5 年之内将会被培育成为规模上万亿的产业。随着低空空域管制放开，这个产业将迎来爆发式增长。浙江省要建立 100 个特色小镇，其中万丰总投资 100 多亿元建立了航空小镇。第一期工程建设已经有 2.5 平方公里。在国外，万丰并购控股了奥地利钻石飞机、加拿大钻石飞机，以及捷克 DF 飞机制造等公司。很多中国企业进入通航领域选择的路径比较单一，多数从事的是简单的飞机零部件配套生产制造，而万丰不一样，我们希望能够以飞机制造为核心，构建全产业链运营体系，通过建设航空小镇，在供给侧成为通航产业的'航空母舰'。"旗下钻石飞机品牌有着悠久的历史,是全球第三大通用飞机制造商品牌。目前奥地利和加拿大公司已经分别拥有欧洲航空安全局(EASA)和加拿大运输部民用航空局(TCCA)颁发的航空设计组织认证证书(DOA)和航空飞机生产组织认证证书(POA),万丰飞机拥有中国民用航空局(CAAC)颁发的飞机生产许可证书(PC),万丰成为全球通用飞机行业内唯一在北美洲、欧洲和亚洲都拥有研发和生产资质的企业。

"我们在加拿大同时收购了一个航校,这个航校是非常牛的。为什么说非常牛?'二战'的时候,有不少飞行员是在这个航校被培训出来去参加战斗的。还有一个有趣的故事,当时夏宝龙书记带我们去印度考察,马云也去了,他也去收购公司。当时有一架飞机,就是这所航校的飞机,名字是爱莲。很巧,他们还没有注册,我就把这架叫爱莲的飞机买回来了。"

看着优雅万千的陈爱莲,我有点恍惚。爱事业的女人,会把生活演绎成一场精彩的电影。我觉得陈爱莲是电影中的绝对主角,并且是行业的领跑者,而不是跟随者。

目前,万丰钻石飞机已经储备了大量以新型固定翼飞机、航空发动机、复合材料、航电科技为特色的通用航空技术,实现了诸多行业技术与应用的全球主导地位。万丰飞机已拥有奥地利、加拿大、捷克三大飞机设计研发中心,以及奥地利、加拿大、中国三大飞机制造基地,主要客户是全球范围内的航空飞行学校、航空公司、航空俱乐部及私人消费者等,与汉莎航空、卡塔尔航空、芬兰航空学院、中国民航飞行学院等全球知名企业和学校建立了长期战略合作关系。

万丰通用航空产业已粗具规模。万丰集团旗下上市公司计划转型升级为工业 4.0 模式,成为全球细分市场的样板。其航空产业计划成为大

交通领域的样板，其自身也成为全国"标杆"性的民用航空集团。历经
3 年研制的 3D 打印系列产品将投放市场，机器人智能装备产业计划实
现上市，成为工业机器人行业细分市场领跑者。金融投资产业计划让公
司成为长三角区域行业细分市场领跑者。

"我要么不做，要做就做全球行业细分市场的领导者。公司将通航
做好了，万丰能够再辉煌二三十年，这也是我们打造'百强万丰、百誉
万丰、百年万丰'的一个重要路径。"

谁说女子不如男，陈爱莲在风浪中搏击前行，同样也会得到岁月的
回馈。

曾是中共十七大代表，如今是第十三届全国人大代表的陈爱莲，对
国家和民族有一份深沉的情怀。"国家为企业家的创业创造了难得的机
遇。作为企业家，在这个伟大时代中应当有所作为，有所奉献。我们万
丰也在这伟大的时代中从'制造'向'创造'迈进！"

不知不觉我们已经畅谈了两个半小时，我慨叹道："万丰的大时代
来了！"

陈爱莲迈开步子，回首嫣然一笑，自信地说："来了！我们正张开
双臂迎接它。"

凡是站在世人面前，经得起无数目光检验的人物，大多是高度自律、
做事持之以恒且勤勉之人。走过了那段不为人知、艰苦卓绝而又意义非
凡的岁月，扛得了艰辛，才能守住繁华，才能走向美好的未来。当陈爱
莲点亮自己的时候，同时照亮了属于万丰奥特的整个世界！正如莲，香
远益清，亭亭净植！

专访于 2020 年 3 月

待到山花烂漫时，她在丛中笑

——专访华策影视集团创始人、总裁赵依芳

人物名片: 赵依芳，浙江东阳人。华策影视集团创始人、总裁，曾获"杭州市第四届杰出人才""文化名家暨'四个一批'人才""福布斯中国商界女性百强""中国上市公司最具价值总裁""浙商女杰30强""中国电视剧产业二十年突出贡献出品人""中国创意产业领军人物"等称号。现为中国电视剧制作产业协会副会长、第十二届浙江省政协委员、浙江省文化产业促进会副会长、浙江省电视艺术家协会副主席、杭州市文化创意人才协会会长等。

　　一夜细雨如织，到清晨已风停雨住。再一次踏入杭州西溪创意产业园已是万物复苏的春天了。小楼掩映在树林中，林荫深处的院落中不时传来婉转鸟鸣，确有一种陶渊明的"暧暧远人村，依依墟里烟"的境界。树木洗涤了人的心扉，或许这才是天人合一。我们沿着蜿蜒的小路向前走去。这时，郁郁葱葱的树林，云蒸霞蔚。我们迎着耀目的绿色，进入了林间的华策影视集团办公楼。秘书对我们说，赵总裁为了赶今天的专访，昨天飞机到时都是晚上11点多了，回到家都今天凌晨了。我一阵愧疚，随即心底涌起一阵暖意。不久，看到从车上下来一位身穿粉色棉

赵依芳与作者的合影

衣的女子，白白净净的脸庞，双眉修长如画，双眸闪烁如星，身材娇小玲珑，不仅不带一丝一毫商场角逐味，反而有一种书卷气。"对不起哦，让你们等。"我顿时觉得赵依芳总裁如一位俏丽的邻家大姐。

多谢梅花，伴我微吟

上楼，一落座，赵依芳的话匣子就打开了："我昨天在候机时想了想你的专访主题。改革开放 40 多年来我们一直在讲美好生活，我们这个社会高速发展，人事物和思维方式都如此。高速发展以后，扩张做法还没转过来，小事情不想做。你看看我们这张桌子的横杆。"

我低头一看，是雕花的，摸一摸，而且是四面雕花。

赵依芳继续说道："现在我们谁去做里面的雕花，看看这张桌子那么普通，但是在干好农活的业余做一张桌子，雕刻这四面的花时，生活是美好的。所以我们要回归，等到回归的时候我们就有幸福感了。这样每个人静下心来做事情，就不抱怨、不迷茫、不算计了。我认为物质是不能让一个人获得幸福生活的，一旦一个人去追求物质生活，这个人就填不满了，永远没有尽头了。但是精神生活，你如果把这个人的心态培养好以后，一辈子全部是幸福的。这个人可以活得比较充实，专注地去做好一件事情。"

"就是我们当下要寻找初心，要回归，对吗？"我问。

赵依芳双目犹似一泓清水，她重重地点了点头："是的，不能忘了为什么出发。"

我不由得也重重地点了点头。

不经一番寒彻骨，怎得梅花扑鼻香

我停下笔，抬头问道："您本来是在体制内的，对吗？"

"是的，我很早就'下海'了，是在 1992 年。"

"比我想象的要早。"

"我是属于 20 世纪 90 年代第一批。"

"您当时已官至东阳市广电局副局长了，应该说当时在别人眼里甚至放到现在，这个位置也已挺好的了，为什么您还想自己创业？是一种什么力量或者什么梦想让你下决心不要'铁饭碗'？"

"对，当时自我满足度也蛮高了，其实 1992 年出来，最大的动因还是做自己想做的事情。第二个动因是，我不适合做行政官员，我们这个年龄的人其实都是一颗红心向着党，在机关里为国家服务是无上光荣的，奉献精神特别足。但是那时候想的是能不能展现自己的能力和价值的其他一面，做点别的事情。我们从机关里出来的人，组织意识、大局意识是一直存在的，在机关单位的工作经验也为我以后管理公司打下了基础。"

其实 20 世纪 90 年代中期，在影视业较发达的北京、广东、浙江等地的电视台周边，已经"潜伏"了一批专为电视台制作节目的民营影视公司了。因为电视剧投资相对较大，制作和回收周期又比较长，电视台将其交给专业的制作单位去拍，可以大大降低电视台的成本和风险，而且对电视剧的管理也相对容易。赵依芳瞅准的正是这个机会。她选择从体制内跳出来，主动"下海"，来到杭州，在一个小巷子里租了 2 间房，创办影视公司，决定大干一场。

1994 年赵依芳团队和浙江电视台合作，第一部电视剧是改编自茅盾同名小说的《子夜》。当时和电视剧制作中心文学部主任程蔚东合作，他当编剧，这部投资几百万元的 14 集电视剧《子夜》在浙江电视台西边一条小巷子里的一个名为"华新影视"的"小作坊"中产生了。这是赵依芳筹拍的第一部电视剧。当时"下海"，她感到最大的区别是，什么压力都得自己扛住，包括发工资，以前是国家拨钱发工资，现在得自己管，还得管好别人的工资，所以她基本上每一部戏开拍后就睡不着，要卖掉播出后才放心，持续了很多年，直到一年拍个几部戏，才无所谓了。

《子夜》后来被评上"五个一工程"奖。我问道："这是一个非常好的开端，这样的闪亮结果是在你意料之外还是意料之中？"

赵依芳淡淡一笑："这都是当时领导的支持和大家无缝合作的结果。

因为当时领导都非常支持，思想比较开放，我们取得那么多成绩，跟这一批人创造的环境很有关系。大家封闭惯了，苦惯了，但那个时候对文化的传承还是很重视的。那些老知识分子的子女，改革开放后，一下子像春天来了一样期待百花齐放，但对是非是很清楚的。对你做正确的事情，很是支持，所以你想要做什么事情，有支持你的一个环境很重要。改革开放初期，大家都是从无到有，率先探索，对于敢做事情的，肯做事情的，还是持支持态度的，因为大家都特别期待做出一些事情来。"而对于《子夜》这第一个"孩子"，赵依芳显得慈母情深："那时不讲什么收视率，好作品的标准是第一能播出，第二能获奖，能得到好评。"

《子夜》不仅让她收回了成本，而且在1995年播出后拿了国家"五个一工程"奖。赵依芳说起《子夜》时，眼睛是闪亮闪亮的，闪亮中还充满感恩之情。她说："那个时代的社会不但支持了我，也同时认可了我。"

俏也不争春，只把春来报

"拍好剧，做精品"是赵依芳的目标，从此赵依芳和她的团队在这条影视路上一路"种树"，种了一片"内容为王"的树林。做内容，并非一条捷径，它不轻巧，拼的是踏踏实实的付出与明明白白的实力。2005年，华策影视成立；2009年，华策影视变更为股份制有限公司。2010年10月26日，"中国电视剧第一股"华策影视正式挂牌。

赵依芳欣然地说道："我们正在拍《外交风云》，讲述的是新中国成立以来中国的外交史，已经在做后期了。"

赵依芳一直崇尚"内容为王"这一理念。事实证明，真正的精品影视剧都是体现主流价值观的，大家喜欢正能量的、体现家国情怀的内容。她坚持要拍一些讲述青春励志的剧，有关改革开放这一大时代和互联网时代的年轻奋斗者、创业者的剧，要体现年轻人积极向上的价值观，要不然大家对奋斗和励志都会渐渐麻木。她还要拍一些生活剧、青春剧，来展现新时代的蓬勃气象。

"让大家看到一些美好的东西，爱要爱得有道理，恨也要恨得有道理，对吧？第二天去上班做事也开心一些。"我被她的这种家国情怀所感染。

抬头看着赵依芳，见她眉目间隐然有一股清气溢出。她对我娓娓道来华策这几年的规划和阶段性成果，我也记得飞快。

"华策是在 2015 年提出'SIP＋X'战略，聚焦电视剧、电影、综艺战略。2016 年全年累计首播全网剧 25 部共 1000 集，在全国电视台收视和网络点击排名前 10 部电视剧中，华策均占 30%，网络年总点击量破千亿次。《国家命运》《三生三世十里桃花》等电视剧，《使徒行者》《听风者》等电影和《挑战者联盟》《跨界冰雪王》等综艺栏目接连成为现象级作品，多部作品荣获全国'五个一工程'奖、飞天奖、金鹰奖、金马奖、法国戛纳电影节最佳导演奖等国内、国际重要奖项。"

2014 年 11 月 8 日，作为 "文化企业 30 强"代表之一，赵依芳受邀参加"2014 年亚太经合组织（APEC）工商领导人峰会"。2016 年 6 月和 9 月，赵依芳先后受邀参加夏季达沃斯论坛和 B20 杭州峰会（二十国集团工商峰会）。2016 年 11 月，赵依芳参加第三届世界互联网大会，提出用"内容连接一切"，以"影视＋"重新定义文创企业。她还作为民企代表出席了中国文联第十次全国代表大会。华策集团连续 4 年入选全国"文化企业 30 强"。赵依芳一口气说这些时，眼睛通透而明亮。

忽然一夜清香发，散作乾坤万里春

"应该说从 1992 年'下海'，到 1994 年拍第一部电视剧，然后到现在是 2019 年，这么多年了，印象当中觉得苦的事您是如何处理的？"

赵依芳低了一下眉，抬眼对我笑了笑说："反正过来了也无所谓苦与不苦，都过来了，对不对？"

我突然觉得赵依芳作为一名江南女子，是一本既厚重又灿烂，既传统又新潮的书。无论何种情形下，她总是对生活充满希望，对生命充满热爱，对亲人和朋友充满感恩。她不仅自信而且自强，想来人与人的差距，最小的是智商，最大的是坚毅吧！

我朝她竖了竖大拇指，一切尽在不言中。我继续问道："华策影视是中国电视剧发行海外数量最多的公司，是从什么时候开始让电视剧走出海外的呢？"

赵依芳喝了口热腾腾的红茶，一脸欢喜地对我说："我们的《绍兴师爷》已经开始卖到海外了。"

"哇！当时怎么会有这样超前的想法？"我煞是惊奇。

"因为电视上你都能看别的国家的戏，比如美国、日本的动漫、电影、连续剧什么的，那他们也要看我们国家的作品啊。我们在海外展出《绍兴师爷》等作品时，都没带翻译。看到一个客户来了，就请边上展台的翻译帮我们翻译一下。在海外推荐自己的影视作品就是这么一步步走过来的，想起那时候，真的比较有趣，还真的卖出去了。主要是因为我们的作品还是可以的，对，就是这个原因！"赵依芳说到这时自信地冲我一笑，很是灿烂，笑靥如路边盛开的梅花。

《绍兴师爷》的主角是陈道明扮演的，就我个人而言，是比较欣赏陈道明的沉稳、儒雅、多才、自律的,我便很好奇地问赵依芳:"中年演员和当下的流量演员有什么差别?那时候演员和导演、编剧的关系有什么规则可言吗?"

赵依芳沉思片刻,说道:"我觉得这个行业也有自身的发展规律,有些事情不可避免,那时刚从计划经济转过来,创作体系也是处在初期发展阶段,所以还是比较纯粹的,演员一般不会耍大牌。像陈道明他们这一批演员是 20 世纪五六十年代出生的,对自身要求还是蛮严的,陈道明要求和他对戏的女演员一定要背台词,不能用台词提示板。现在有些流量型的年轻演员就会用台词提示板,老演员更守规则。第一,你没有演员的天分,没有好的作品,就没法让观众认可你;第二,你没有艺德,演艺生涯就长不了。这两点其实在每个时代都一样。以前的老演员讲求演技,这亦是他们的艺术修养,比如陈道明、李雪健等。像流量小生的话,有几年确实是机会多了些,但是这几年又回归演技了,今年开始觉得回归的力度变大了,这跟一个时代的创作主流、主旋律有关系。大家觉得创作还是要回归创作本身。同样,演员也要回归演技本身,无论什么年龄阶段的演员都是如此。"说完,她看着我,又露出洁白的牙齿,淡然地笑了笑。

她手握着玻璃杯说:"华策要做好传播中华文化的践行者。'华流'出海,让中国故事真正走出去。"

现在的华策影视"华剧场"继续全球布局,"华语联播体"日趋完善,目前已经累计将 1 万余个小时的中国影视作品授权行销全球的 180 多个国家和地区。中国电视剧的国际影响力日益显现。《解密》《海棠依旧》成为以市场化方式走向国际的主旋律题材剧,《何以笙箫默》等剧首次拓展俄罗斯、土耳其、吉尔吉斯斯坦等一些新兴市场国家和地区,《卫子夫》成功发行到 40 多个国家和地区。我没想到掩映在西溪林间的这幢楼里每年输出千集精品剧。2015 年 10 月 19 日，作为习近平主席访英的随行企业家，赵依芳出席了"中英创意产业展"，并与英国最大的商业电视台 ITV 签约，共同开发制作大型体育综艺节目《跨界冰雪王之冰上星舞》。华策影视连续多年被评为"国家文化出口重点企业"；2017 年 4 月，华策集团创始人、总裁赵依芳获戛纳电视节荣誉勋章，成为获得该国际行业大奖的首位中国传媒人；《三生三世十里桃花》入选戛纳论坛"全球最受欢迎电视剧"；在 2018 年 7 月 4 日的第三届中俄媒体论坛上，华策集团又与俄罗斯独立广播公司 CTC 传媒和俄罗斯国家传媒集团（NMG）签署了战略合作协议。赵依芳那双眼睛闪着纯粹的热情，何愁金石不开，我不能不被她这种做事的精神所感动。

天涯也有江南信，梅破知春近

不知赵依芳想到了什么，对着我们兴奋一笑。我拿着笔很是期待她特有的爽朗声音。

"我们华策还在建设国家级国际化影视产业平台。"

"是吗？这可是一件伟大的事情。"

"伟大倒也不至于，但是我们华策发起和打造了中国（浙江）影视产业国际合作实验区，这是国内首个以文化出口为导向的国家级影视产业园区。实验区里头集国际化高端影视人才培养、影视节展交易、影视传播交易、影视译制推广、影视科技研究和影视产业投融资六大产业功能于一体，建筑面积 12 万平方米，总投资 15 亿元，已于 2018 年正式开园，致力于成为中国的'影视创意硅谷''华流梦工厂'和'一带一路'民心相通的新平台。"

我被她这样恢宏的规划所感染，急急问道："听说您还要办华策影视研究院，您这样大手笔的初衷是什么？"

赵依芳清清亮亮地说道："因为我觉得行业发展到这个阶段会需要调整升级。经过第一阶段的蓬勃发展，积累了整个行业发展的基础实力，同时也会出现一些问题。我们现在在这个行业里几十年，也得益于改革开放，得益于行业本身的成长和发展。我们体会到下一轮的发展需要去解决一些问题。就是说，一方面，必须继续引领拍好戏，拍好内容，做好内容。另一方面，我们想培养人，提升整个行业大军的素质，也就是提升整体从业人员的专业素质和创作能力。我们联合浙江传媒学院创办华策电影学院，作为全国'混合所有制'本科教育改革的首个试点，将于今年9月首批招生，采取'2＋2'创新型人才培养方案，着力培养应用型国际化高端影视专业人才。省委、省政府的浙江产业带建设规划中有浙江传媒学院华策电影学院，是2017年11月份批复的。我们华策影视集团总部将搬离西溪，把地方腾出来用来培养研究生——产业型、实践性的研究生。对行业做一些总结研究，做一些具有引导性的有益的事情。在下一轮高质量发展中，我们在做高质量内容的同时，力所能及地把人才培养这件事情做起来，开发和建立以内容和知识产权为核心的产业链，将华策打造成一个影视产业的综合传媒集团。

"围绕'影视＋'构建全产业影视生态，这与'文化＋'战略一脉相承，现在是经济发展的一个寒冬。我们面对寒冬，得采取一些过冬的措施，对吧？我还是坚持聚焦主业，回归初心，然后潜心创作。就像这张桌子的雕花工艺一样，中国几千年来有那么多能工巧匠留下的创作瑰宝。首先要沉下来、钻进去，然后才能做到极致，最后才能做出最高水准的艺术品，或者是世界级的东西。这样传播价值就出来了。

"对于华策的未来，我希望在这个行业里自己的企业能在做好做大的同时也对行业有一些帮助，对整个社会的产业文化、产业发展和文化事业建设有帮助，发挥一个企业主体、一个创作平台的作用和价值。所以我一直坚信'内容为王'，内容一定要踏踏实实地做好，在这个基础上再将产业做大。说起来就这几个字，但是做起来也是很累的。大家都比较辛苦的时候，要抱团取暖，回归初心。习近平总书记说过，'幸福都是奋斗出来的'，一个企业的成功也是奋斗出来的，一个人的成功也是奋斗出来的。我们华策的定位很清楚：内容为王、产业为基、'华流'出海。为此我和团队一起拼搏，一起奋斗！"赵依芳的语气中透露出热情和希望，深情的眼里闪着晨曦中露珠一样的亮光。

此时门外的秘书再次提醒她集团内部会议的时间快到了。我们和赵依芳告别。门外的青石台阶湿润光洁，缝隙间露出暗绿的潮湿苔藓。春天的太阳暖暖地照在楼间，照在静静的树林里，转角一树梅花绽开，其中一朵恰如赵依芳，在闪耀的光芒中显得明艳而坚毅。

专访于 2019 年 2 月

初心未改，顺势而为

——专访浙江中南建设集团董事长、党委书记吴建荣

人物名片：吴建荣，浙江萧山人。浙江中南建设集团董事长、党委书记，杭州市劳动模范。现为浙江省第十三届人大代表、浙江省工商联副会长、中国建筑装饰协会常务理事、浙江省建筑装饰行业协会副会长。先后被评为"杭州市优秀企业家"、浙江省"千名好支书""万名好党员"、"浙江省新时代中国特色社会主义事业优秀建设者"、"全国乡镇企业家"、"全国建筑装饰优秀企业家"等。

去采访的路上，雨下得不是很大，雨滴打在干净的车窗上，零星发出一些音乐般的声响。因为匆匆赶路，我竟忽略了冬的寒冷。扑面而来的是冬雨的轻盈。我如约到达目的地——钱塘江畔的浙江中南建设集团总部。我走在中南集团内的小道上，沁凉的雨滴，肆意地打湿发梢，钻进衣领，透明圆润的雨珠，像是一串串晶莹剔透的珍珠，挂在树梢、草尖……在门口，中南文旅的副总沈玉良与我热情握手，驱散了冬的萧瑟。走进中南集团董事局会议室，一眼看到一位个头不高，精神焕发，目光炯炯，梳着大背头的海派老者，而最引人注目的是他的胡须——浓密极了，极像隶书的"一"字。我的脑海中跳出了一位我敬仰多年的伟大文

学家——鲁迅。鲁迅先生也有如此茂密的一字胡须。"您就是吴主席，好像鲁迅先生啊！"吴建荣主席笑呵呵地站起身来和我握了握手："你是第一个说我像鲁迅先生的人，我哪能跟文学家鲁迅比！他是学富五车，是文学家，我才读了5年的小学哦。"说完，吴主席发出一串朗朗笑声。带有浓浓萧山乡音的普通话一下子让我所有的忐忑化为乌有。

长风破浪会有时，直挂云帆济沧海

　　"你想听听我的过去啊，我呢刚才说的是真话，农民出身，还真只读了5年小学，14岁就出来打工了。当初想着能有个行当干就不错了。"吴建荣陷入了沉思，穿越回40多年前。他说，1978年改革开放，第二年，他就从泥瓦匠、包工头做起，边做边学，摸着石头过河。之后就开始创业，当时才20多岁。当时工作单位名称是萧山长河第二工程队，到1990年更名为江南建筑工程公司。在这期间，还有一件趣事。1993年企业要改制为集团公司，但到了省工商局办手续的时候，发现叫"江南"的企业太多，我们临时决定将公司名称更改为浙江中南建筑装饰集团有限公司。再后来，又改组为浙江中南建设集团有限公司。"我的公司无论发展到什么规模，从来没离开过生我养我的萧山长河镇，现在这块地方已隶属滨江区了。"当时吴建荣的工程队就是凭着"诚信"二字，架起了一座座与各业主之间的桥梁。1986年，业主将杭州清泰立交桥下商场10000多平方米的土建装饰工程交给了他们。当时国内几乎没有什么室内装修的概念和理念。正是这项工程，使吴建荣在杭州有了第一次建筑装饰的精彩亮相。在这个商场的土建装饰工程业务中，吴建荣以创业者特有的敏锐发现了建筑装饰业的前景。他在1988年特地到香港去

浙江中南建设集团董事长吴建荣

买了1套共5册关于室内装修的书,这时才知道一个家里有卫生间、厨房、客厅,客厅里还有沙发、电视机……后来就在杭州实践,遇到不专业的地方就派人到深圳、香港考察学习,或者从外面请懂行的工程技术人员来做。公司后来还承接了北京亚运会部分场馆建设等重要项目,建筑装饰生意就此芝麻开花节节高——参与装修了延安路上大部分大楼项目,随着 G20 杭州峰会的召开,公司又以一种全新的姿态向世界展示了中国建筑的魅力。吴建荣说,这几年随着"一带一路"倡议的推进,他们已在泰国、马来西亚、新加坡、印尼、菲律宾、印度、越南等国家和中国澳门承接了建筑工程,许多工程在当地都是标志性建筑,如泰国曼谷的 G-LAND Tower、埃塞俄比亚宝丽机场等大项目。人家都叫吴建荣"江南装修王""城市建设的美容师"。讲到这里,吴建荣的眼睛熠熠发光,他很是自豪:"我这人很会折腾!"

1995 年,吴建荣在建筑装饰领域站稳脚跟后,实施了第一次跨行业发展战略。他看到富裕起来的农民对摩托车的热爱,投巨资创办了中南摩托车公司,产品被列入国家机械部的生产目录。该公司又研发了全国领先的专利产品"消防摩托车",被列入国家消防装备,备受赞誉。当时中南产的"奔达"牌摩托车远销东南亚、非洲等地区,生产销售情况非常火爆。1997 年就生产销售了摩托车约 47 万辆,创税超亿元。1998 年亚洲爆发金融危机,从 1995 年起跨界发展的"奔达"牌摩托车也遇到了问题和瓶颈。吴建荣说:"市场经济运行有其自身规律,起落难免。作为创业者,亲身经历过起落坎坷,深知只有顺应和投身改革开放的时代大潮,鼓起无惧失败的勇气去创新,才能走出低谷。"当时觉得建筑业的春天就要来了,吴建荣做了两件事:一是投资上亿元,从德国、意大利引进了幕墙全自动化生产线,跟浙江大学、同济大学合作,成立了中南幕墙研究院；二是完成了现代企业制度改造，激发员工积极性。到 2003 年，"中南幕墙"就冲进了全国 3 强。集团公司下属的建筑、幕墙、装饰、市政、钢结构、摩托车行业，全部通过 ISO 9002、ISO 14000、ISO 18000 质量体系认证。集团承建的建筑装饰项目有 35 项获"鲁班奖""中国建筑工程装饰奖""浙江省优秀工程奖"等奖项。近年来，在幕墙工程方面，中南承建了杭州亚运会主场馆、杭州奥体博览中心（G20 杭州峰会主会场）、杭州萧山国际机场 T3 航站楼等多项国内外重大工程项目和地标性建筑。吴建荣对我说，人要有自信，要有企业自信、文化自信。吴建荣对公司发展的经历，持一种超然的目光："有时看似很平凡之事，好似并无宏大存在，但我却窥见了诸种切实的东西。"吴建荣的朴实与韧性之中透着一股刚毅之气，有着机敏、大气、开放的魅力。

壮意付予青云志，倒海移山始功成

"国外有百年企业，中国却有'富不过三代'的说法。企业要想长盛不衰，就必须紧紧依靠经营创新、科技创新、管理创新，依靠各路人才的聪明才智。"身为一名成功者，吴建荣充满了危机意识。正是这种危机意识，让他看企业的未来很有前瞻性。吴建荣对我说，要打造"百年老店"，必须提前培育新产业。文化创意产业正是他寻找的蓝海。动漫虽然眼前可能没有爆发式增长的经济效益，但是社会效益远超经济效益，中国可以说有世界上最大的动漫产品消费群体，如果中国的动画片能征服自己的消费群体，那将产生一个非常大且具有无限活力的市场。而中南集团进军动漫产业，在吴建荣看来，更是一种责任。"国内电视上播的动画片 90% 都是进口片，我们有着这么优秀的传统文化，为什么不挖掘出来呢？连美国人都做《花木兰》，为什么我们自己却不做？为什么美国迪士尼可以，日本动漫可以，欧洲很多国家也可以，我们就不可以？我们国家有这个行业，为什么没有壮大这个产业？在详细了解动漫产业的现状后，我认为这个事情是可以做的，而且做好了前面几年亏钱的打算。说实话，即便动画片不赚钱、少赚钱也不会影响整个中南集团，当然也不会影响到我。我也没有什么高消费，最多平时抽两包香烟。"发现我国的动漫市场长期以来被国外厂商占据，同时意识到中国的青少年"价值观缺失不在身体上，而是在心理上"，吴建荣，这位民族责任感和使命感极强的民营建筑业老板，毅然进军动漫产业。他想通过我们自己创作的动漫作品给儿童、青少年提供健康的精神食粮，传播中华优秀文化。

"我觉得自己没多少文化，搞不来高科技，所以要做的产业一定得是看得见或者摸得着的，动漫产业就是看得见的。对此，我给中南卡通（浙江中南卡通股份有限公司）制定的发展目标是'高起点，大投入，国际化'。"

中南卡通开发制作的第一部产品《天眼》诞生于 2005 年。《天眼》播出后，受到了各界的好评，获 2005 年度国家广电总局优秀国产电视动画片奖，并荣获首届中国国际动漫节原创动漫大赛"特别奖"。同年正在生产的另一部产品《魔幻仙踪》，是我国首部系列三维动画片。中南卡通 2018 年已经在英国 Sino TV 发行 6 部原创动画片，在印度尼西亚发行 16 部，在越南发行 28 部，在印度发行 27 部。与美国的合作最为频繁：在美国 Oznoz 电视台和 DMR 新媒体频道等发行 17 部原创动画片；中南卡通《魔幻仙踪》等多部动画片已在尼克少儿频道等播出；邀请美国的动画工作室合拍动画片和进行创意合作。经过 15 年努力，中南卡通已经跻身全国行业龙头之列。

独有豪情守匠心，文瑞初心在笔端

2005 年 4 月，时任中共浙江省委书记习近平来公司考察调研，他对动漫产业发展的前景寄予了厚望，这更加坚定了中南卡通加快发展的信心。吴建荣说："中南卡通秉持匠人精神，致力于发挥好'传承人'作用，将动漫与中国非物质文化遗产和中国传统文化相结合。如果以中

吴建荣与作者的合影

国历史作为创作素材，可以挖掘的东西很多。"《郑和下西洋》便是一个很好的例子。该动画片以新颖的角度开掘明朝郑和下西洋的故事，为观众描画了一段辉煌的海洋开拓史，荣获国家"五个一工程"奖。围绕"民族英雄"主题，吴建荣还以动画片《郑成功》，高度还原了郑成功收复台湾的历史事件。该动画片被国家新闻出版广电总局推荐为国产优秀动画片。当前，中南卡通正在创作"非遗"题材的动画作品和VR/AR作品，以此给观众带去身临其境的观看体验。"有些人可能会拒绝这类作品。衍生产品不好做，青少年可能一时也不太喜欢。但我们还是坚持做，也总要有人做。"吴建荣坦言，"我们要通过作品，来告诉我们的后人在历史上发生的事情。这既是一种对文化的传承与弘扬，也是一个企业的责任。"

目前，中南卡通已创作出不少精品力作，原创生产了22种题材、58部、13万分钟的精品动画，"天眼"系列、《乐比悠悠》、《郑和下西洋》等动画作品荣获国家"五个一工程"奖、国家动画精品一等奖等国内外奖项共计150余项。中南卡通连续10多年蝉联"国家文化出口重点企业"，是动漫领域唯一的"全国十大最具影响力国家文化产业示范基地"、唯一的"重点高新企业和重点动漫企业"。

近年来，中南卡通和央视动画合作，投资近8亿元拍摄的千集大型动画片《天眼归来》，于2018年开始在中央电视台少儿频道黄金时段播出，首播收视率就跃居同时段首位，并持续领先。实践证明，好的作品将持续拉动文化消费。同时，公司还研究开发了九年制义务教育外语电子教材，填补了我国卡通电子教材的空白。吴建荣有一次出差到新加坡，住在酒店里面，早上一打开中文频道，就看到当地的8频道正在播中南卡通的动画片，他很是开心。"最近我们正在规划建设中南卡通动漫特色小镇，计划通过这种方式进行二次创作，推动文化消费，充分发挥文化产品的附加作用。"吴建荣说。目前，他正计划投资 35 亿元在杭州建一座占地 3000 多亩的"中国卡通城"，打造中国自己的迪士尼，以此来实现他的"动漫报国"。吴建荣顿了顿，对我说，这也是作为一名浙商的责任所在。坐在他的对面，听他充满激情地讲述他的故事、蓝图，感受着他对动漫梦想的魄力与雄心……建筑行业的钢筋水泥，总给人一种厚重之感，而动漫人物又是如此轻盈——很难想象一个外表酷似鲁迅的人会有如此强烈的反差，或许前者代表他的品行，后者代表他的思想吧。

作为改革开放的参与者、见证者、奉献者、受益者，历经 40 多年的艰苦创业，集团的每一个进步、每一项成就、每一次突破，无不闪耀着吴建荣的锐气、魄力、机敏、智慧、大气、开放、诚信等的光辉。2019 年，吴建荣再次吹响了以"工程建设、文化创意"为两大主要产业的中南集团集结号。不忘初心，锁定方向，扬帆起航再出发。就像鲁迅先生所说的"有一分热，发一分光"。和吴建荣主席聊天中，我时刻感受到他在幽默中闪烁的睿智与深刻，这来自他的那颗深沉的爱国之心！采访结束时，沙沙的雨声，轻轻地打着节拍，敲击着玻璃，犹如吴建荣的动漫王国，洗涤着我们的心灵，我沐浴在自然的甘露中，畅快地深吸一口气，吸入泥土的气息，让生命回归本真。

专访于 2019 年 1 月

后 记
星星之火，可以燎原

　　我从小喜欢看人物传记，诸如《诸葛亮传》《武则天传》《苏轼传》《李清照传》《朱元璋传》《张居正大传》《曾国藩传》《周恩来传》《邓小平传》《林肯传》《罗素传》……我喜欢了解中外名人的生平事迹，在他们的故事里，有戍边卫国的身影、服务黎民的追述、家国情怀的倾诉、善行天下的颂歌，他们是引领我精神世界的人。

　　2017 年金秋，我站在钱塘江边，看到满地黄叶，看到高楼林立，看到江边儿童嬉戏……一种我们都是伟大的中华人民共和国风雨征程的亲历者、见证者的感触油然而生。我们生活在一个伟大的时代，是中华民族伟大复兴的参与者。无数个体参与到伟大复兴的过程中，每个人就像太阳光芒中的一束、满天繁星中的一颗、连绵山岭中的一座、钱塘江浪花中的一朵。于是我记录下这些追求理想、脚踏实地、勤奋敬业、温厚实诚的对浙江乃至中国发展有突出贡献的各行各业的先进工作者，将他们一串串坚实的脚步、一次次奋力的攀登写下来。在这个伟大的时代，用文字为史存证。我注重宣扬他们每一个人内在的信念和执着的奋斗，因而有一种力量和情怀在其中。他们的精神在浙江大地上熠熠生辉，产生巨大的正能量，照亮迷茫者的人生路。

而这个梦想在无数人的支持下，居然实现了。

我深深记得 2017 年 12 月一个大雪纷飞的晚上，中国文联副主席陈振濂老师接受了我的采访。那天积雪有十几厘米深，他出来接我们到他在浙江大学的工作室，我们深一脚浅一脚地在鹅毛大雪中走进他的工作室。听完我的专访缘由，陈老师表示非常支持，并毫无保留地讲述了他的人生故事，采访结束时已是深夜。

90 多岁的全国优秀共产党员、人民英雄胡兆富，年近 90 的中国工程院院士岑可法，两位老人精神抖擞地讲述了他们为祖国默默奉献的故事；中国工程院院士陆军在百忙之中用面谈和视频的方式讲述了他的奋斗历程；以楼云为代表的浙江籍奥运冠军群体，全国劳模孔胜东、艺术家许江、茅威涛，当代作家麦家、王旭烽，著名企业家南存辉、陈爱莲，特级教师蔡小雄……他们了解到我的专访缘由后都非常支持我，鼓励我要坚持下去。这些先进工作者叙述的点点滴滴中，有平平淡淡的日常，更有面对惊涛骇浪的时刻。他们叙述的故事真实且生动，很多内容都是首次如此详尽地披露，饱含着他们个人的艰辛磨砺，展现着他们的坚守与挚情。他们的人生历程渗透着一股追逐梦想的"狠劲儿"，他们的血液里流淌着不灭的梦想，他们对梦想的那种低调而用心的坚持亦与浙江大地深厚的内蕴相得益彰。

无论是科学家还是企业家，无论是人民英雄还是时代楷模，都有遇到艰难险阻的时刻。他们哪里来的力量和勇气呢？他们的答案是谋略、实力和毅力。成功的人的故事鲜有一帆风顺的，除却名利光环，他们大都有一段难言的心路历程，而这段历程值得记录与分享。所有接受我专访的人，均谈到以德为上的理念，也正是这份质朴，铸就了他们无畏亦无私的境界。

我想通过一篇篇专访，讲述一位位先进工作者鲜为人知的成长史、风雨兼程的成功史和烛照人生的心灵史，让读者体味到他们对梦想的追求、对未来的渴望，以及他们为了浙江的风华所奉献的青春和热血。

至 2021 年 12 月，我利用业余时间专访了 42 位为浙江发展做出贡献的各行各业的人物。其间，得到了中共浙江省委组织部原副部长、中共浙江省委宣传部原常务副部长、"钱塘江故事"丛书主编胡坚的大力支持，得到了家人的无限支持，得到了被采访者的有力支持，得到了浙江工商大学出版社新媒体出版中心、大众读物工作室主任沈娴的友情支持，心中常常涌起温暖之意、感恩之情，也正是这些情谊化为我继续专访为浙江发展做出贡献的人物的力量。

写完上面的文字，我心中升腾起一股强烈的自豪感。回首往昔，浙江灿烂辉煌；展望未来，浙江前程似锦！而这些为之奋斗、为之奉献的人物的精神，将如星星之火，可以燎原！

沈晔冰

2022 年 2 月 22 日于海棠书斋

图书在版编目（CIP）数据

奔流岁月 / 沈晔冰著 . — 杭州 : 浙江工商大学出
版社 , 2022.11

（"钱塘江故事"丛书 / 胡坚主编）

ISBN 978-7-5178-5052-6

Ⅰ . ①奔… Ⅱ . ①沈… Ⅲ . ①名人—访问记—中国—
现代 Ⅳ . ①K820.7

中国版本图书馆 CIP 数据核字（2022）第 139851 号

奔流岁月
BENLIU SUIYUE

沈晔冰 著

出 品 人	鲍观明
策划编辑	沈　娴
责任编辑	费一琛　沈　娴
封面设计	观止堂_未氓
责任校对	夏湘娣
责任印制	包建辉
出版发行	浙江工商大学出版社
	（杭州市教工路198号　邮政编码310012）
	（E-mail：zjgsupress@163.com）
	（网址：http://www.zjgsupress.com）
	电话：0571-88904980，88831806（传真）
排　　版	浙江时代出版服务有限公司
印　　刷	浙江海虹彩色印务有限公司
开　　本	880mm×1230mm　1/32
印　　张	9.375
字　　数	223千
版 印 次	2022年11月第1版　2022年11月第1次印刷
书　　号	ISBN 978-7-5178-5052-6
定　　价	68.00元